KB134591

무엇이
강대국을
만드는가

무엇이 강대국을 만드는가

★★★★★ 문석기 지음

탐나는책

고대로부터 현대에 이르기까지 역사의 무대 위에 많은 강대국이 등장했다. 지정학적으로 구석에 있던 작은 나라가 강대국으로 성장하여 한 시대를 호령하고, 제국으로 성장하여 주변국을 다스리고 인류 역사의 물줄기를 바꿔놓았다. 우리가 눈여겨 볼 점은 이들 강대국이 한결같이 처음 시작은 미약하였다는 점이다. 강대국은 그런 점에서 매우 신비감을 자아내며, 또한 경의와 존경심을 가지게 한다. 동서고금을 막론하고 이들 강대국의 역사를 배우려는 것은 그들의 강력함의 원인을 이해하고, 그들의 문화를 이해하기 위해서이다.

이 책은 강대국으로 성장한 나라에 관한 이야기다. 나는 이 책을 역사서라기보다는 역사에세이로 썼고 역사학과 인문학을 결합하고자 했다. 그렇기에 역사와 인문학의 주제인 도덕과 자유가 이 책의 주제가 된다.

우리가 지금까지 학교에서 배운 왕조나 대통령 중심의 역사로는 어떤 나라가 왜 강대국으로 성장했는지 알 수가 없다. 다음과 같은 재미있는 가정을 해 보자. 미국의 중요한 황금기라고 할 수 있는 1870년에서 1970년까지 100년 동안 집권했던 22명의 미국 대통령과 동시대 28명의 멕시코 대통령을 서로 맞바꾸는 것이다. 그 결과는 과연 어떨까? 현재 멕시코가 미국처럼 세계 최강대국이 되어 있을까? 그리고 미국은 지금의 멕시코처럼 존재감 없는 그저 그런 중진국이 되어 있을까?

사람들은 대부분 아니라고 대답할 것이다. 미국은 여전히 세계 최강대국이 되어 있었을 것이고 멕시코는 지금보다는 조금 더 발전했을 수도 있지만, 최강대국이 되지는 못했을 것이라고 대답할 것이다. 그 대답은 옳다.

세계사를 공부할 때 편의주의적으로 왕이나 대통령과 같은 최고지도자에게 초점을 맞추면 본질적으로 가장 중요한 부분을 빠뜨리게 된다. 그것은 바로 국민이다. 국민이야 말로 국가의 수준과 강대함을 결정하는 가장 중요한 요소이기 때문이다.

어떤 사람들은 강대국이 되기 위해서는 큰 국토 면적, 뛰어난 군사력, 풍부한 자원이라고 말한다. 어느 정도 맞는 말이긴 하다. 하지만, 이런 요소들은 단지 더 유리하게 할 뿐이지 강대국이 되기 위한 필요조건도 충분조건도 아니다. 영국은 그 어떤 것도 가지고 있지 않았지만 19세기 세계를 지배한 강대국이었고, 러시아는 위 모든 조건을 가지고 있지만 한 번도 진정한 강대국이 된 적이 없기 때문이다. 영국은 전성기 시대 때 노블레스 오블리주 정신을 철저히 실천했다. 귀족도 세금을 냈다. 특히 전쟁 시에는 더 많은 세금을 냈다. 영국은 재산에 따라 세금을 냈기 때문에 오히려 귀족들이 일반 평민들보다 훨씬 많은 세금을 냈다. 하지만, 프랑스는 귀족이 토지의 25퍼센트를 소유하고 있었지만, 세금을 단 한 푼도 내지 않았다. 이것이 영국과 프랑스의 운명을 결정지었다. 한 나라는 세계 최강 대영제국이 되었고, 다른 한 나라는 약탈과 광기가 넘쳐나는 혁명이 발생했다.

영국이 국토와 인구도 적고 자원도 부족하였지만, 강대국으로 성장한 것은 도덕성과 자유의 증진을 제외하고는 도무지 설명할 길이 없다.

톨스토이는 "행복한 가정들은 모두 서로 닮았다"라고 썼다. 소설 《안나 카레니나》에 나온다. 이 문구의 대구對句로 그는 "불행한 가정들은 제각각 다른 방식으로 불행하다"라고 썼다. 톨스토이의 말에 빗대면, 강대국으로 성장한 나라들은 모두 서로 닮았다. 강대국들은 정치가 자유를 제한하는 것을 극히 꺼렸으며 국민의 도덕성이 높았다.

만약 국민의 도덕성이 강대국을 만드는 요소라면 '국가가 국민에게 도덕적인 것을 강제하고, 지키지 않았을 때 처벌하면 강대국이 될 수 있는 것이 아니냐'고 질문할 수 있을 것이다. 하지만 그렇게 해서는 강대국이 될 수 없다. 바로 자유가 결여되기 때문이다. 바빌로니아, 페르시아 제국, 로마 제국, 대영제국 등 강대국들은 한결같이 국민의 도덕성이 우수했지만, 또한 가장 많이 자유의 증진을 추구했다. 도덕성을 추구하지만, 항상 그 옆에는 자유가 있어야 한다. 이것이 바로 강대국의 특징이다.

이 책이 강대국으로 성장하기 위한 모든 방법을 갖고 있지는 않다. 하지만, 국민의 실천적인 높은 도덕성과 자유를 증진하고 억압하지 않는 정치가 강대국으로 이끄는 필수적인 요소라는 것을 설파하고 싶다.

이 책을 쓰면서 내가 기대하는 여러 가지 것 중의 하나는, 이 책을 읽는 모든 사람이 자신을 대한민국이라는 국가의 위대한 국민이라고 생각하면 좋겠다. 독자들에게 이 책을 읽고 응용하여 함께 대한민국을 강대국으로 만들자고 권유하는 것이 이 책의 의도다. 당장 동참하지 않더라도 괜찮다. 필자의 의도에 공감한다면 그것만으로도 소기의 목적은 달성하는 것이기 때문이다.

끝으로 원고를 읽고 즉시 출판의 기회를 준 탐나는책 출판사에도 감사의 마음을 전하고 싶다. 필자도 늘 여러분과 동행하고 소통할 것을 약속드린다.

양천구 서재에서
문 석기

차례

1장

바빌로니아

메소포타미아 통일:
최초의 법전 국가

메소포타미아 통일

: 최초의 법전 국가

인류의 문명 메소포타미아

오늘날의 이라크 바그다드 지방에서 발현한 근동 지방의 통일 국가 바빌로니아는 사람들이 잘 알지 못한다. 하지만, 서양사에서 매우 중요한 나라이다. 그래서 바빌로니아부터 이야기해나가고자 한다.

강을 끼고 발전한 세계 4대 문명 발상지 중에 서양사에 직접적 영향을 미친 문명은 나일강 문명과 티그리스 유프라테스강 문명이다. 이 중에서 가장 먼저 문명이 발전한 곳은 티그리스강과 유프라테스강 유역인 메소포타미아 지역이다.

문명이란 무엇일까? '문명'은 영어로 'civilization'인데, 이 단어는 도시를 뜻하는 라틴어 '키비타스civitas'에서 유래했다. 기본적으로 문명은 '도시를 건설하는 것'을 의미한다는 뜻이다.

고대에는 외적의 침입을 막기 위해 도시를 거대한 성벽으로 둘러싸곤 했는데 그 안에는 왕, 사제, 귀족과 같은 지배층, 그리고 서기, 수공업자와 같이 지배층을 보조하는 사람들이 살았다. 이들은 농사를 짓지 않고, 오로지 백성을 통치하고 적을 방어하는 일에만 전념했는데 농사짓지 않는 사람들이 도시에 거주했다는 사실은 농사짓는 사람들이 그들을 먹여 살렸음을 의미한다. 그러려면 농업 생산성이 높아 잉여가 풍부한 곳이어야 했다. 메소포타미아 문명의 젖줄인 유프라테스강과 티그리스강은 남동쪽으로 흘러 페르시아만 입구에 도착한 후 합류하여 인도양으로 흘러 들어가는데 이 두 강 사이에 형성된 기름진 평야 지대는 '비옥한 초승달 지역'이라고 불리며 인류 최초의 문명을 잉태했다.

수메르인들은 주변의 황무지를 떠돌던 유목민인데 이 지역에 정착하여 농사를 지으면서 문명을 열어나갔다. 인류의 문명을 만들기 시작한 수메르인들은 귀중한 발명품인 수레를 최초로 발명하였다. 수레의 발명은 농산물의 생산과 유통을 쉽게 하였으며 도시 건설을 위한 물류의 발전을 가져와 규모를 더욱 커지게 했다. 수레의 발명도 대단하지만, 이보다 수메르인들이 남긴 업적 중에 더 위대한 것은 문자의 발명이다.

쐐기(설형)문자라고 하는 수메르 문자는 약 2,000개로 이루어진 상형문자였는데 시간이 흐를수록 기호들은 점점 더 단순해지고 기록하기 쉽도록 변해가서 쐐기처럼 보이는 일정한 형식을 갖추게 되었다. 쐐기문자 때문에 드디어 인류가 기록할 수 있게 된 것이다.

훌륭한 문명을 건설한 수메르인들이었지만 메소포타미아를 통일하지는 못했다. 메소포타미아 지역은 지형이 매우 개방된 독특한 환경을 가지고 있었다. 티그리스, 유프라테스강 유역에는 높은 산이 거의 없고 끝없이 평야가 펼쳐져 있어 정착민들은 자연적 방어물이 전혀 없는 강 사이의 탁 트인 평야 위에 도시를 만들 수밖에 없었다. 이러한 개방적 지형 탓에 산악 지역에 사는 주변 종족들의 침입이 잦았고, 전쟁이 계속되면서 지배하는 종족이 바뀌는 일이 자주 일어났다. 수메르인들은 북쪽에서 내려온 아카드인들에게 정복당하였고, 아카드인들은 다시 구티인들에게 정복당하였다.

오랜 혼란을 끝내고 메소포타미아를 통일할 민족이 기원전 1950년 무렵 서쪽에서 등장하였다. 바로 아모리족이다. 이들은 바빌론을 수도로 삼아 나라를 만들고 메소포타미아 주변 부족을 차례로 정복해 나갔다. 그리고 마침내 거대한 통일 왕국을 건설했다. 이 왕국이 바로 바빌로니아이다. 바빌로니아는 혼돈의 메소포타미아를 통일하고 500여 년간 번영을 누린 메소포타미아에서 가장 강력한 국가로 존속했다. 바빌로니아는 이전의 메소포타미아 왕국들과 과연 어떤 차이점이 있었기에 최초로 통일을 달성하고 장기간 번영을 이루었을까?

함무라비 왕과 법전

바빌로니아 왕국은 14대 왕까지 이어졌는데 이 중에서 우리에게 잘 알려진 왕이 함무라비이다. 그는 바빌로니아 6대 왕으로 기원전 1792년경에 즉위하여 1750년까지 42년간 다스렸는데, 정복사업에 능하여 우루크와 이신을 정복하고 메소포타미아 전역을 장악하여 여러 도시국가의 성벽을 보강하고 운하와 도로를 정비했다. 그는 뛰어난 정복왕이었지만 그의 이름이 후대에 남게 된 것은 훌륭한 법전을 만들었기 때문이다. 바로 '함무라비 법전 CodeofHammurabi'이다.

함무라비 법전은 사실상 인류 최고最古의 법전으로 인정받는다. 그렇다면 그 내용이 궁금하지 않은가? 법전의 내용은 대충 이렇다.

"만약 귀족이 귀족의 눈을 멀게 했다면, 그들은 그의 눈을 멀게 할 것이다."

"귀족이 자기와 같은 계급의 사람의 이를 빠뜨렸으면, 그의 이를 빠뜨린다."

함무라비 법전이 제시한 '눈에는 눈, 이에는 이'라는 방식을 동해법同害法이라고 하는데 지금의 시각으로 보면 왠지 좀 원시적인 내용이라고 할 수 있겠지만, 한 가지 메시지는 분명히 담고 있다. 남에게 폭력을 가하거나 물건을 훔치거나 살해하면 똑같은 방법으로 처벌을 받는다는 것을 선포한 것이다.

함무라비 왕은 바빌로니아 공동체의 안녕과 질서를 세우고자 했다. 공동체의 안녕과 질서! 21세기 오늘을 사는 우리에게도 익숙한 개념이다. 도덕과 법과 관련이 있기 때문이다.

현대를 사는 우리에게도 도덕과 법은 매일 접하게 되는 항목이

〈함무라비 법전〉
함무라비 법전은 거의 원형대로 발견되었으며 서문, 본문 282개조, 후문으로 되어
있는 종합법전이다.

다. 그렇지만, 서로 대하는 것은 다르다. 법과 도덕은 비슷하지만,

차이점도 있기 때문이다. 그 차이점은 누구나 안다. 도덕은 어겨도

처벌을 받지 않지만, 법은 어기면 처벌을 받게 된다.

　　함무라비 왕은 공동체의 질서를 위해 최소한의 도덕을 사회적

규범으로 만든 것이다.

　　그도 도덕은 양심에 의한 것이라 강제할 수 없다는 것을 알기에

이중에서 사회적 질서 유지를 위해 필수불가결한 몇 개만 법률로

만들어 강제했다.

그렇다. 인류 최고最古 문명의 국가 공동체는 강제할 수 있는 도덕과 강제할 수 없는 도덕을 놓고 고민하였다. 그리고, 강제할 수 있는 도덕을 법이라고 칭하였으며, 강제할 수 없는 도덕은 윤리의 영역으로 남겨두었다.

도덕률이란 무엇인가? 나我라는 자아가 다른 사람들과 사회를 어떻게 대해야 하는지에 대한 것을 규정하는 규율이라고 할 수 있다.

법과 도덕은 상호 밀접한 관련이 있지만, 도덕이 법보다 더 포괄적이며 상위적인 개념이라고 할 수 있다. 처벌하는 법보다는 처벌하지 않는 도덕이 사실 더 공동체에 중요하다.

인류와 함께해 온 종교에서도 중요한 가르침이 인류 공동체에 관한 도덕률이다.

유교 경전에서는 "인과 덕으로 세상을 다스리며 사람들을 도덕으로 교화시켜 다스려 나가야 한다."라고 가르치고 있다.

불교 경전에서는 "탐욕을 갖지 말라."라고 가르치고 있다.

기독교 성경에서는 "내가 다른 사람에게서 받기를 원하는 대로 다른 사람에게 해 주어라."라고 가르치고 있다.

BC 3000년 이후로 수천 개의 나라가 만들어지고 멸망했다. 어느 정도의 주권을 가져야 국가로 볼 수 있느냐 하는 점은 있지만, 이 중에는 강대국으로 성장하여 한때 세계를 제패한 나라도 있고 약소국으로 살다가 멸망한 나라들도 있다. 그런데, 강대국으로 성장한 국가들의 매우 놀라운 동일한 특징이 있다. 바로 국민의 도덕률이 높았다는 점이다. 더구나 그 나라가 한때 잠깐 풍미했던 강대국이 아니라 인류 역사상 인정받는 대제국을 이룩하였을 때 도덕률은 더욱 도드라지게 나타난다.

5천 년의 인류 역사에 남아 있는 기록을 보면 강대국을 관통하는 키워드는 국민의 높은 도덕성이다.

국가는 공동체이다. 공동체라는 것은 개인이 모인 집단이기에 각 개인이 갖는 도덕이 국가 공동체를 이루는 데 있어서 매우 중요한 역할을 한다. 국민의 높은 도덕성은 강대국이 되기 위한 조건이 되는 셈이다.

만약 자신이 생각하기에 도덕률이 높지 않다고 생각한 국가가 강대국이 된 적이 있다면, 이는 도덕률의 상대성을 놓친 것이다. 다른 주변 국가보다 도덕률이 상대적으로 더 높았기 때문에 강대국이 된 경우이기 때문이다.

바빌로니아 이후에 나타난 국가 중에 강대국이 된 나라들은 신기하게도 한결같이 도덕률이 높았다.

물론 국민이 도덕성이 높다고 전부 강대국이 되는 것은 아니다. 하지만, 국민의 도덕성이 높지 않은 국가가 인류 역사상 강대국이 된 적은 단 한 번도 없다. 즉, 국민의 높은 도덕성은 강대국이 되기 위한 필요조건인 셈이다.

인류는 처음부터 도덕성 위에 국가를 건설하였다. 그리고 그것을 증진한 국가만이 후에 더 발전하여 강대국으로 성장했다. 그리고, 강대국이 되었다가도 도덕률이 한계점 이하로 하락하면 어김없이 멸망하거나 몰락하였다.

함무라비 법전에 대해서 할 얘기가 한 가지 더 있다. 이 법전이 인류에 미친 영향력이 또 한 가지 더 있기 때문이다. 함무라비 법전의 기본 정신은 피해자가 당한 만큼 가해자에게 갚아준다는 것인데 사실 이는 일반적인 오해와는 다르게 야만적인 법이 아니다.

이 법전의 골자는 '상대방이 내 팔을 부러뜨렸다면 똑같이 팔을 부러뜨려 복수해라'가 아니라 '똑같이 상대방 팔까지만 부러뜨릴 수 있고 그 이상 나가 다리까지 전부 부리뜨리거나, 죽일 수는 없다'라는 뜻도 가지고 있다. 현대의 법도 자신이 지은 죄보다 과도하게 벌을 받는 것을 금지하기 때문에 함무라비 법전의 골자는 현재에도 유효하다. 이는 곧 죄형법정주의, 법치주의의 기초라고 할 수 있다.

이렇게 함무라비가 확립한 법치의 전통은 이후 서구 사회를 움직이는 기본 원리가 되었다. 개인의 자의적 판단이 아니라 법을 통해 사회를 작동시켜야 한다는 생각은 그리스를 거쳐 마침내 로마에서 모든 사람이 공유하는 원칙이 되었다. 로마법은 다시 근대 서양법의 토대가 되어 인류 문명을 꽃피우게 했으니 바빌로니아의 법치가 인류의 문명을 만든 시발점인 셈이다.

2장

페르시아 제국의 등장

인류 최초의 제국:

포용성으로 건설하다

인류 최초의 제국

: 포용성으로 건설하다

키루스 원통의 발견

sugar(설탕), shawl(숄), orange(오렌지), lemon(레몬), peach(복숭아), pistachio(피스타치오), spinach(시금치). 이 단어들의 특징은 무엇일까?

우리에게 익숙한 이 영어 단어들은 바로 페르시아 말에서 유래된 것이다. 동서양에 걸친 방대한 제국인 페르시아에 의해 상품의 교역이 활발해져서 페르시아 상품과 함께 페르시아 말까지 유럽에 전파된 것이다.

페르시아 제국은 그 영토가 매우 광활하여 현재의 불가리아, 터키, 아르메니아, 이스라엘, 시리아, 이집트, 이라크, 이란, 투르크메니스탄, 아프가니스탄, 파키스탄을 포함하고 있다. 이렇게 광활한 영토를 가진 페르시아에 대해서 우리가 알아야 할 것이 있다. 바로 인류 최초의 제국이었다는 점이다. 사람들은 흔히 제국 하면 로마 제국을 떠올린다. 하지만 로마는 가장 유명한 제국이기는 해도 인류 최초의 제국은 아니다.

기원전 550년~기원전 330년까지 존속한 페르시아 제국의 정확한 명칭은 후대의 사산조 페르시아와 구별하기 위해 아케메네스 페르시아 제국이라고 부르지만, 편의상 페르시아 제국이라 해도 무방하다.

지금의 이란을 수도로 하여 나타난 페르시아 제국은 고대 오리엔트 문명이 그리스로 넘어갈 수 있도록 동서양 문명을 잇는 가교 구실을 하였고 종교, 이념, 인종, 역사가 다른 23개 나라를 하나의 이데올로기로 통일하고 인류 최초의 제국을 건설하였다. 페르시아가 인류 최초의 제국을 건설할 수 있었던 비결은 무엇이었을까? 지금부터 그 이야기를 해나가자.

영국으로 건너가 옥스퍼드대에 고고학을 공부한 오스만제국 출신 고고학자 호르무즈드 라쌈Hormuzd Rassam이 1879년에 바빌론의 신전에서 고고학사에 남겨질 유명한 발견을 했다. 바로 그 유명한 '키루스 원통'을 발견한 것이다.

키루스 원통استوانه کوروش Ostovane-ye Kūrosh 또는 키루스 헌장منشور کوروش Manshūre Kūrosh이라고 불리는 원기둥 돌은 길이가 22.5센티미터, 원통 지름이 10센티미터인 가운데가 부풀어 오른 배럴 모양의 진흙 비문이다. 여기에 깜짝 놀랄 만한 글이 실려 있다.

"모든 세상의 왕인 나 키루스는 위대하고 강력한 바빌론과 수메

〈키루스 원통〉
B.C. 539~538년경에 제작되었으며 대영박물관에 소장되어 있다

르와 아카드와 세상 모든 지경의 왕이다. (……) 나의 군대는 평화적으로 바빌론으로 행진했고, 수메르와 아카드의 모든 백성은 아무것도 두려워할 것이 없었다. 모든 수메르와 아카드의 신들도 아무 탈없이 고향으로 돌아가게 했다. 이들은 고향의 신전으로 돌아가 기쁨을 누렸다."

이제 그 비밀을 대충 눈치챘을 것이다. 그는 피지배 민족에게 굉장히 관대한 왕이었다. 점령지 백성들을 힘으로 통치하는 대신 그들의 문화를 존중했다. 이게 끝이 아니다. 키루스 대왕은 바빌로니아 정복 후 전쟁으로 그곳에 끌려와 살고 있던 유대인들을 고향으로 보내주었고 수도 예루살렘의 성을 복구하도록 재정적 지원까지해 주었다. 이 내용은 『성경』에도 기록이 되어 있다.

그는 자신의 제국 안에서 종교의 자유를 인정하였고, 자신의 군인들에게 점령지 주민들을 약탈하거나 위협하는 행동을 금지했다. 또한, 자신의 개혁 정신을 전하고 낙후된 점령지는 공공 프로젝트를 만들어 개발해 주기까지 했다. 이러한 기록들은 현재 런던의 대영박물관에 보관되어 있고 복사본은 뉴욕의 유엔본부에도 전시되어 있다.

인류 최초의 제국 페르시아

2007년 개봉해서 미국 박스오피스 1위에 오른 『영화 300』에서 스파르타 왕 레오니다스가 "이것이 스파르타다!"라고 외친 것과 페르시아 제국 크세르크세스 1세가 "나는 관대하다."라고 말한 것이 인터넷에서 하나의 밈으로 발전한 적이 있다.

그런데 관대하다는 것은 주관적이고 추상적인 단어인데 페르시아 황제 크세르크세스 1세가 말한 "나는 관대하다"라는 것이 정확히 무슨 뜻일지 궁금하다. 이 뜻을 알기 위해 페르시아의 통치 방법과 기존 국가들의 통치 방법을 비교해 보는 것은 의미가 있다.

지금의 터키 북부의 티그리스강에 수도를 둔 아시리아가 메소포타미아 지역에서 최초의 소규모 통일 제국을 이룩하였다. 아시리아는 철기를 사용한 국가였기 때문에 전쟁에서 승리하고 주변 나라들을 복속하고 오리엔탈 제국을 이룩하였다. 하지만, 복속한 지방의 국민을 강압적으로 통치하고 융화시키지 못했다.

원래 페르시아가 들어서기 이전 메소포타미아 지방에서는 한 국가가 다른 국가를 정복한 직후에는 피정복민들을 강제로 이주시켜버리는 것이 일반적인 관행이었다. 아시리아가 바로 이런 정책을 자주 썼는데, 이는 피정복민들이 자신의 땅에 살면 반란을 쉽게 일으킬 수 있어서 반란을 일으키지 못하도록 아예 뿔뿔이 흩어지게 하기 위함이었다. 대표적인 경우가 아시리아가 북이스라엘 왕국을 정복한 후에 영토 내 구다에서 멀리 떨어져 살던 타민족을 북이스라엘로 강제 이주시켜 북이스라엘 지방을 혼혈민족인 사마리아인으로 만든 것인데, 이뿐만 아니라 영토 내 서로 다른 민족 440만 명을 강제 이주시켰다.

하지만, 페르시아는 달랐다. 메소포타미아의 이전 정복국가들의 전통을 완전히 깨고 원주민들이 제 고향에 그대로 살도록 놔두었다.

이제 크세르크세스 1세가 말한 "나는 관대하다"라는 의미를 확실히 알 수 있다. 바로 피정복민에게 거주의 자유를 허락했다는 뜻이다. 인간이 가진 자유 중의 기본은 거주의 자유이다. 인간은 자신이 선택한 곳에서 살 수 있어야 한다. 페르시아는 바로 인간이 누려야 할 가장 기본적인 자유를 보장했다. 페르시아 치하에서는 피정복민들이 마음 편히 고향에서 살면서 생업에 종사하고 경제 활동을 할 수 있었다.

지금으로서 보면 당연한 것 같지만 피정복민을 억압하는 것이 당연한 통치기술이라고 여겨지던 고대 오리엔트 시대에는 매우 파격적이었다.

물론 피정복민들이 그대로 남아 있었기 때문에 한시적으로 반란이 일어나거나 민심이 뒤숭숭해지는 예는 있었지만, 결과적으로 보면 페르시아는 폭압적 정책을 펼쳤던 아시리아보다 훨씬 오래 안정적인 전성기를 누렸으며, 무엇보다 인류 최초의 제국을 건설해서 운영하였다.

페르시아 제국은 점령지 시민들이 중앙권력에 복종하고 정해진 세금을 바치기만 하면 자신의 법과 종교적 전통에 따라 자신들의 언어를 사용하면서 자신들의 땅에서 살 수 있는 자유를 보장했다. 거주의 자유뿐만 아니라 종교의 자유도 허락한 것이다. 또한, 피정복민이라 할지라도 인재들을 등용하여 제국의 요직에서 일하도록 하였다.

페르시아는 속국민에게 거주와 종교의 자유를 보장했기 때문에 속국민의 삶은 페르시아의 지배 후에도 별로 달라진 게 없었다. 제국의 거대한 통합력으로 인해 풍부한 경제적 기회가 주어져 속국민들은 페르시아 제국의 시민이 된 걸 오히려 자랑스럽게 여기기까지 했다. 페르시아 군대가 강하다 해도 제국이 가능했던 것은 수많은 속국민이 페르시아 제국의 시민이 된 걸 자랑스러워했기 때문이다.

그뿐만이 아니었다. 페르시아는 제국의 치하에 있는 노예로 끌려온 이민족들을 해방시켜 본국에 돌아가서 살도록 해 줬다. 대표적인 것이 B.C.587년 신바빌로니아에 의해 유다왕국이 멸망하면서 예루살렘에서 바빌론으로 끌려와 70년 노예 생활을 하던 유대인을 본국으로 돌아가도록 해방시켜준 사건이다. 유대인들은 자신들을 바빌론 포로에서 해방시켜 준 페르시아 제국 키루스 대왕을 메시아

키루스 대왕이라고까지 부르며 칭송하였다. 압제받는 민족을 해방해 줬으니 이런 칭송은 들을 만하지 않겠는가.

이처럼 페르시아는 기존 고대 국가의 기본 사항처럼 여겨진 피지배 민족에 대한 철저한 탄압 대신 자유와 해방을 베풀면서 다스렸으며, 여기다가 바빌로니아로부터 내려온 법령 체제를 잘 갖추고 정비하여 세계 최초의 제국이 될 수 있었다.

페르시아인들이 어떤 사상에 근거하여 피정복민들에게 자유를 허락했는지 아니면 다른 이유가 있었는지는 모른다. 하지만, 결과적으로 피정복민들에게 자신들의 원하는 방식으로 살아갈 수 있도록 자유를 준 것은 세계 최초의 제국을 설립할 수 있도록 한 동력을 제공했다.

페르시아는 제국을 이루기 위한 근본 명제를 인류에게 제시해 주었다. 피정복민을 억압해서는 안 되고 그들의 자유와 복리를 증진해야 한다는 것이다. 이것이 진정한 다스림이다. 페르시아가 제시한 명제는 이후에도 제국의 건설과 운영에 있어서 필수 요소로 여겨져 향후 모든 제국이 이를 계승하여 실천하게 되어 로마 제국까지 이어지게 되었다.

제국에는 필연적으로 영화가 따른다. 제국을 처음 본 인류는 제국이 갖는 휘황찬란한 영화도 처음 경험했다. 동서양을 통합한 페르시아의 영화는 기존 오리엔트 국가들이 가지지 못한 빛나는 것이었다. 페르시아는 거대한 제국이었기 때문에 그 당시 압도적인 부와 번영을 누렸다.

〈페르세폴리스의 아파다나 강당〉
레바논의 삼나무 들보 지붕을 자랑하는 200피트 길이의 거대한 다주식 강당인 아
파다나는 72개의 기둥으로 지탱되었다.

페르세폴리스는 아르타크세르크세스 1세 때 완공된 궁전인데, 수많은 속국에서 최고급 건축자재가 동원됐고 각 지역의 최고의 건축가와 예술가가 모여 궁전을 만들었다. 궁은 당시 페르시아가 정복한 아시리아, 이오니아, 이집트, 바빌로니아 양식이 조화롭게 섞여 있었고, 내부는 순금을 비롯해 값비싼 가구, 그릇, 카펫으로 꾸며졌다.

해마다 춘분에 이곳엔 큰 행사가 열렸는데 그 풍경은 가히 장관이었다. 황금 팔찌와 그릇을 든 리디아인, 사자를 안은 엘람인, 모직물을 든 스키타이인, 소를 끄는 바빌로니아인, 향신료를 안고 있는 인도인, 상아를 든 에티오피아인 등 20여 개 지방 사신들이 왕을 알현하려 공물을 들고 모여들었다.

그리스의 문학작품에 묘사된 궁전의 모습은 가히 전설적인데, 1만5,000명에 달하는 왕의 손님, 이들을 위해 매일 제공하던 수천 마리의 동물 고기와 엄청난 양의 술, 음식이 담긴 아름다운 그릇과 화려한 궁전, 그리고 신비스러운 왕의 모습까지, 왕은 궁 안에서 화려한 옷을 입은 채 발판 위에 발을 올리고 왕좌에 앉아 있었고 이런 왕 앞에 설 수 있는 사람은 극소수였다. 왕이 주최한 만찬 때에도 왕의 차림은 남달랐다. 왕은 자신은 손님을 볼 수 있지만, 손님은 자신을 못 보게 얇은 휘장을 내린 채 앉아서 식사했다고 한다. 이런 이야기들이 페르시아 왕들의 전설과도 같은 호화로운 생활에 대한 상상을 만들어 놓기까지 했다.

거대한 영토의 제국을 다스리기 위한 물리적 제도도 필요했다.

페르시아는 아프리카·유럽·아시아 3개 대륙에 이르는 거대한 영토를 다스리기 위해 빠른 정보 수집과 전달이 필수였는데, 이를 위해 제국 전역에 2,703킬로미터에 이르는 일명 '왕의 도로'를 만들었다. 수사에서 사르디스까지 이르는 '왕의 도로'와 24킬로미터마다 설치된 역을 통해 빠른 말을 언제든지 갈아타게 하여 모든 소식이 7일 만에 제국 전역으로 갈 수 있도록 했다. 당시에 사용되던 소식을 전하던 자들의 표어가 현재 뉴욕의 우체국에서 차용되어 사용되고 있다.

"눈이 오나 비가 오나, 불볕더위와 깊은 어둠 속에서도 정해진 지역에 소식을 전하는 임무를 신속히 완수한다."

그물망처럼 연결된 도로는 정보뿐만 아니라 제국의 모든 것을 흐르게 했다. 그리고, 광대한 제국 영토를 다스리기 위한 도로망과 정보 전달 기술은 고스란히 후대 로마에 전달되어 로마가 서양 최대 제국을 건설할 수 있는 밑바탕이 되었다.

3장

로마 제국의 융성

서양 최대 제국:
뛰어난 법치와 자유를 억압하지 않는 정치체제

서양 최대 제국:

뛰어난 법치와 자유를 억압하지 않는 정치체제

일곱 언덕에 세워진 나라

"모든 길은 로마로 통한다."

서양 문명을 연 대제국이자 인류 역사상 가장 위대한 제국인 로마를 표현하는 멋진 말이다. 로마 하면 머릿속에 무엇이 떠오를까? 흔히 콜로세움과 마차 경주, 원로원과 근사한 토가, 그리고 백부장과 로마 병사 정도가 될 것이다. 누구나 로마가 가장 위대한 제국인 줄은 안다. 하지만, 로마를 왜 가장 위대한 제국이라고 하는지는 잘 모른다. 자, 그럼 지금부터 로마 이야기로 떠나 보자.

로마는 하루아침에 이루어지지 않았다. 로마는 500년간 티베리스 강 유역에 자리한 조그만 약소국 이었다. 기원전 753년 일곱 언덕 위에 로마라는 조그만 국가를 세운 로물루스 왕은 로마에 찾아온 외부인이라면 자유인이든 노예든 출신을 가리지 않고 모두 로마의 시민으로 받아들였다. 병역을 이행할 수 있는 성인 남자는 군대에 배치했다. 명망이 두터운 100명의 가부장을 귀족으로 삼아 원로원이라고 칭했고 나머지 사람들은 평민으로 분류하였다. 그 후 244년간 7대 왕을 거치며 로마 왕국은 검소하고 용감한 로마 시민의 힘을 기반으로 놀랄만한 발전을 이루었다. 그리고, 기원전 509년 로마는 중요한 결정을 하는데, 타르퀴니우스 수페트 부스를 마지막 왕으로 왕정을 폐지하고 공화정을 수립하였다.

처음 몇 달간은 브루투스 1인이 통치를 헸는데 왕성과 별로 다른 것이 없지 않으냐는 점 때문에 똑같은 권력을 지닌 2인의 집정관이 공동으로 통치하도록 했다. 아울러 집정관을 역임하고 나면 자동으로 종신 원로원 의원이 되었는데 로마 원로원은 300명의 정치, 군사 등 정치 경륜과 경험을 지닌 현자들의 정치 집단으로 부상했다.

로마는 뛰어난 법률 위에 세워진 나라라고 할 수 있다. 바빌로니아가 인류 최초로 법률을 제공했다면, 그 법률을 더욱 발전시켜 통치에 적용한 나라가 바로 로마이다. 로마는 법률에 따라 운영되는 나라였기 때문에 권력자라고 할지라도 자신의 권력을 오직 법률에 따라서만 행사할 수 있었다. 권력을 가진 사람도 법률에 따라서만 권력을 행사하도록 했다는 점은 책임 정치를 이끌고 동시에 국가 공동체의 도덕성을 유지할 수 있도록 했다.

12표법으로 대변되는 로마의 법치주의는 로마의 국가 운영의 기본이 되는 핵심이었다. 아무리 좋은 포용적인 제도가 있다고 하더라도 법치가 실행되지 않으면 재산권의 보장이나 계약의 확실한 이행이 보장되지 않아 국민이 마음 놓고 생업에 전념하기가 어렵게 되고, 이런 사회에서는 경제가 성장하기 어렵다. 로마가 뛰어난 법치주의 국가였다는 점은 예측 가능한 사회로 만들어 로마의 경제를 발전시키는 원동력이 되었다.

로마는 공화정 때 확립한 법치 구조로 인하여 안정적인 정치 환경을 바탕으로 주변 도시들을 차례로 정복해 나가 국토와 인구의 확대로 점점 더 강력해졌다.

삼권분립의 원형, 균형과 견제

멋진 토가를 입은 나이 지긋한 노인들이 정치 현안을 논의하는 원로원의 모습은 우리에게 매우 인상적이다. 미국 상원을 Senate라고 하는데, 이 어원은 원로원Senatus에서 유래한다. 원로원은 원어 단어의 뜻을 그대로 하면 '노인들의 모임'이지만 한국어로는 원로들의 모임으로 번역이 되었다. 주로 각 부족과 귀족을 대표하는 자로 구성되었으며 정원은 공화정 초기에는 300명이었다가 초기 제정 아우구스투스 시대 때 600명이었다.

원로원은 공화정 때 로마 최고의 정치 의결 기구였다. 히브리 문학가는 로마 공화정과 원로원을 다음과 같이 묘사하였다.

"그러나 그들 중의 아무도 왕관이나 진홍색 용포를 두르고 거만을 부리는 사람은 없었다. 그들은 원로원을 설치하고 삼백이십 명 원로원 의원들이 매일같이 모여 쉬지 않고 백성을 잘 다스리는 방도를 논의하였다. 원로들은 해마다 한 사람을 뽑아 그에게 백성을 다스리는 권한과 온 제국의 통치를 맡겼다. 백성은 모두 그 한 사람에게 잘 복종하고 누구도 그를 시기하거나 질투하는 사람은 없었다."

마카베오서 상권 8장 14~16절

로마는 원로원 제도를 두어 권력이 한 사람에게 집중되지 않고 분산되도록 함으로써 공화국을 운영하였다. 오늘날 공화국을 Republic이라고 하는데, 이는 로마 공화정res publica에서 나온 말이다. 그런데, Res publica를 좀 더 정확하게 번역하면 국가공동체 정도로 번역할 수 있다. 공화국은 왕이 없는 나라라고 할 수 있지만 그 대신 국민들이 국가 공동체 의식을 가지고 구성된 나라라고 할 수 있다. 공화국의 국민은 모두가 주인의식을 가져야 한다는 의미이다.

로마는 권력을 분산하여 절대권력으로 타락하거나 부패하는 것을 막기 위해 로마 공화정의 최고 군 통수권자인 집정관의 임기도 단 1년으로 제한하여 제아무리 최고 군 통수권자라고 하더라도 권력이 집중될 수가 없었다.

권력의 분산뿐만 아니라 로마는 권력자로부터의 부당한 압력으로부터 약자를 보호하기 위한 호민관 제도를 만들었다. 호민관은

키케로가 원로원에서 연설하고 있는 모습

귀족이 사적으로 평민을 체벌하지 못하도록 감시하였다. 호민관은
반드시 평민 출신 중에서 선출하도록 했고, 귀족 중심의 원로원이
만든 법률을 거부할 수 있는 권한이 있었고, 평민들로 구성된 민회
를 열어서 법률을 제정할 수 있는 권한도 있었다. 지금으로 보면 뭐
이게 대수냐고 할 수 있겠지만 그 당시 신분제 사회에서 귀족의 사
적 제재를 금지하고 평민을 보호하기 위한 획기적인 제도였다. 이
처럼 로마 정치 체제의 최고 목표는 균형과 견제였다. 최고 권력 기

관인 원로원도 예외가 아니었다.

로마 정부의 심장부라 할 수 있는 원로원의 지위는 매우 높아서 사회 저명인사와 세력가들이 주로 입성하였는데, 일반 관리의 임기는 매우 짧았지만 원로원 의원의 임기는 종신이었다. 모든 시민이 원로원의 결의를 존중했고 모든 관리가 원로원의 정책에 따랐다. 정책 공개 후에는 항상 '원로원과 로마 인민'이라는 낙관이 찍혔다. 흔히 SPQR이라 하는데 이 말은 라틴어 문자 Senatus Populusque Romanus의 약자로, '로마의 원로원과 인민'을 뜻하는 공식 단어였다.

놀라운 것은 로마는 이런 원로원을 제약하는 시스템도 가지고 있었다는 것이다. 민중에서 선출된 감찰관은 자격 미달의 원로원 의원을 파면시킬 권한이 있었고, 중대한 원로원 결의 또한 민회의 표결에 따라 그 효력 여부가 결정되었다.

집정관도 마찬가지였다. 집정관은 공화정 내 최고 요직으로 정원은 2명으로 켄투리아회에서 선출하여 원로원의 승인을 거친 뒤에 임명되었다. 집정관의 임기는 단 1년으로, 연임은 가능하나 최소 마흔 이상이라는 나이 제한이 있었다. 그런데, 집정관이 2명이었기 때문에 동등한 지위로서 모든 정책은 둘의 공동 승인을 얻어야 했다. 두 집정관은 로마 군대를 절반씩 나누어 이끌었다. 만약 한 집정관이 군대를 이끌고 출전 중일 때는 다른 집정관이 남은 절반의 병력으로 수도 방비 및 내정을 맡았다. 두 명이 모두 전쟁 중일 때 로마의 내정과 방비는 법무관이 대행했다. 문제는 집정관이 2명이다 보니 서로 견제하여 합의를 끌어내기 어려울 때가 많았다. 이러한 체제는 비상사태일수록 그 폐단이 드러나 오히려 국가의 위기를 심화시켰다. 그래서 직권 통일을 위해 선출된 사람이 바로 독재관이다. 독재관은 집단투표가 아닌 두 집정관 중 한 사람의 지명으로 선택되었다. 원로원의 승인을 얻어야 하며 임기는 6개월이다. 독재관은 자신의 부관인 기병대장을 임명할 권한이 있었고 당시 두 집정관을 포함한 모든 관리가 독재관의 통치 아래 있었다.

독재관은 과거 로마 왕들처럼 누구도 감히 대항할 수 없는 절대 권력을 누렸다. 하지만 로마는 아무 때나 독재관을 두지는 않았다. 공화정 설립부터 갈리아인 침입 때까지 119년 동안 독재관을 선출한 적은 단 일곱 번 뿐이었다. 카밀루스가 연이어 다섯 번이나 독재관을 지낸 것도 그때가 로마의 생사가 걸린 비상사태였기 때문이었다.

이쯤에서 한 가지 질문이 생긴다. 로마는 왜 이토록 온갖 힘을 다해 균형과 견제를 하려고 했을까?

바로 자유이다!

로마는 특정 집권층이나 권력자가 국민의 자유를 억압할 수 있는 위험을 가능한 제거 하고자 했다. 그래서 정치 권력은 항상 합리적인 상호 견제를 받도록 했고 이를 모든 정치 체제에 구현한 것이다.

로마는 인간의 불완전함을 알았다. 아무리 어진 집정관이라고 할지라도, 아무리 현명한 원로원 이라도, 아무리 민주적인 민회라고 할지라도 권력이 한 곳에 집중되면 국민의 자유를 보장할 수 없다는 것을 간파했다. 로마는 자유를 확실히 보장하기 위해 집정관, 원로원, 민회의 혼합 정체混合政體로서 상호 견제와 균형을 이루는 국가 체제로 만들었다.

로마 공화국은 집정관이 국가 대소사를 사안별로 분류하여 귀족으로 구성된 원로원의 자문을 구하면 지식과 경험이 풍부한 원로원은 사안별로 지침을 마련하여 집정관의 자문에 응답했고 이에 따라 집정관은 사안별로 해당 민회를 소집했다. 모든 국민이 참여하는 민회에서는 투표를 통해 각 사안에 대해 최종 결정을 내렸고 이를 집정관이 집행했다.

오늘날의 정치 체제와 무엇인가 비슷하다고 생각되지 않는가? 맞다. 로마가 만든 분권 체제가 바로 오늘날 삼권분립의 모체이다.

국가 권력을 나누어 다른 기관에 분담시킴으로써 견제를 통해 남용을 막는 통치제도는 고대 로마에서 시작했다. 이후 중세 영국을 거쳐 존 로크와 몽테스큐에 의해 입법, 사법, 행정의 삼권분립 형태로 발전하였고, 이것을 미국이 건국할 때 처음으로 채택하여 오늘날과 같은 삼권분립으로 제도화되었다.

자유를 지키기 위한 로마의 발명품인 삼권분립의 모체는 인류사에 대한 지대한 공헌이라 할 수 있으니 이것이 로마를 인류 역사상 가장 위대한 제국이라 하는 이유이다. 로마가 제시한 삼권분립의 원칙에 따라 권력을 가진 인간의 나약함 때문에 발생하는 자유의 침해를 국가 권력의 분리를 통하여 권력의 남용을 방지하고, 국민의 자유를 제도적으로 보장하게 되었다.

스토아 윤리사상과 로마인

우리는 로마에 대해 대단히 잘못된 편견을 하나 가지고 있다. 바로 로마 시민들이 방탕한 생활을 즐겼다는 생각이다. 이런 편견은 주로 TV나 영화를 통해서 만들어진 로마에 대한 잘못된 선입관이다. 아마 TV나 영화는 재미있는 볼거리를 만들기 위해 검투사 경기나 방탕한 황제의 생활을 부각한 데서 기인한 것으로 보인다.

사실 방탕한 생활은 일부 황제에 국한된 이야기이고 로마는 도덕에 대해 매우 엄격하였다. 특히 로마는 부정과 부패에 대해 용납하지 않았으며 감찰관을 두어 시민들의 공금 횡령, 사생활 문란, 전쟁 회피 등을 조사하여 시민을 강등시킬 수 있도록 했다. 여기에는 원로원도 예외가 아니어서 사생활이 문란하면 원로원 의원도 파면시켰다. 횡령죄를 선고받은 귀족들을 원로원에서 제명하였고, 심지어 집정관에 선출된 자가 대낮에 딸이 보는 앞에서 아내를 껴안았다 하여 파면되기도 했다.

로마 황제들도 늘 도덕성을 강조하고 진흥하였으며 그 자신들도 그렇게 하려고 노력하였다. 국가의 통치자는 선한 일을 하는 사람들에게 상을 주고 악한 일을 하는 사람에게 벌을 내리는 것이 본업이기 때문이다. 하지만, 어디나 그렇듯이 예외가 있었는데 영화의 소재로 많이 활용되는 칼리굴라와 네로 황제이다. 이 두 황제는 로마 사회에서 지탄을 받는 엽기적 행동으로 로마 시민들의 분노를 샀고 결국 암살당하였다.

로마 공화정 사회의 핵심적인 특징이 있다. 바로 도덕적으로 매우 엄격한 스토아 철학을 범시민적으로 받아들였다는 점이다. 제논에 의해 창시된 스토아 철학은 절제를 통해 사람이 자기 힘으로 살고 윤리학을 강조하고 인생의 목표인 행복을 위해서 이성을 따라야 한다고 가르쳤다.

고대 서양에는 우리가 생각하는 이상적인 국가가 실제로 있었다. 그곳에는 경찰이 없었다. 시내에서 시민들은 단도를 지니고 다닐 수 없었고, 장군이건 병사건 도시로 들어오려면 성문에서부터 무장을 해제해야 했다. 카르타고, 마케도니아, 코린토스를 정복한 개선장군들은 하나같이 전리품을 사적으로 취하지 않고 국고에 넣거나 도시 장식에 사용했다. 시민들이 정직했으며 사기, 수뢰란 말도 없었다.

기원전 2세기 중엽의 로마 공화국이 바로 그런 국가였다. 매우 놀랍지 않은가! 이는 전적으로 로마인이 농민 출신으로서 검소하고 질박한 생활을 해온 데다, 정의, 지혜, 용기, 인내의 4덕을 갖춰 행복한 생활을 추구하라는 스토아학파의 윤리 사상을 범시민적으로 받아들였기 때문이었다.

왜 로마가 재미없고 엄격하며 어쩌면 고리타분하기까지 한 스토아 윤리 사상을 범시민적으로 받아들였는지는 모른다. 이웃 국가 그리스는 쾌락주의 성향의 철학 사조가 유행했다는 점을 생각해 보면 로마 사회의 스토아 윤리 사상 신봉은 로마 사회의 중요한 특징이 된다. 그리고, 이것이 로마가 훗날 강대국으로 나아가는데 초석이 되었다.

〈마르쿠스 아우렐리우스〉
로마 최고의 전성기를 이끌었던 5현제 중 마지막 다섯번째 황제이며 스토아 철학
의 대가로 명상록을 저술하였다.

로마의 스토아 윤리 사상 신봉에 대한 유명한 역사적 일화가
있다. 그리스를 정복한 알렉산더 대왕이 다음 정복지로 서쪽에 있
는 이탈리아반도를 삼았다고 한다. 하지만, 자세히 알아보니 이탈
리아반도의 로마라는 국가는 사람들이 농사나 지으면서 향락을 배
척하고 근검 소박하게 살고 있어서 알렉산더 대왕은 그만 흥미를

잃어버렸다고 한다. 쾌락주의적 생활이 넘쳐나던 그리스에 비해 로마라는 나라는 정복해 봐야 골치만 아프고 별로 재미가 없으리라 생각했기 때문이다. 그래서 알렉산더 대왕은 로마를 포기하고 방향을 바꿔 동방으로 향했다. 로마 시민들의 생활이 얼마나 검소하고 담박했으면 정복자가 흥미마저 잃어버렸겠느냐는 생각이 든다. 만약 이때 알렉산더 대왕이 아직 힘이 미약한 로마를 정복했으면 로마 제국은 존재하지 못했을 테니 이는 결과적으로 로마를 구원한 셈이다.

스토아 윤리 사상을 받아들인 로마 시민들은 지켜야 할 '생활신조'를 공문서 맨 마지막마다 표어처럼 반복하여 기록하였다. 로마인들이 신봉한 생활신조는 '선한 신의에 입각하여ex fide bona', '더 낫게 더 공정하게melius aequius', '선한 사람들의 관계처럼 선하게 처신하라ut inter bonus bene agier'였다. 이는 로마 사회를 지배하는 강령이었으니 로마인들은 이 생활신조에 따라 살기 위해 힘썼다.

로마인들은 청소년 시절부터 스토아 윤리 사상에 따라 교육을 받았다. 미풍양속을 익히고, 진리를 탐구하여 지식과 지혜를 쌓도록 격려받았다. 불의와 부정을 용납하지 않고 정의를 추구하고, 만용이 아닌 참된 용기를 고무하고, 인내함으로써 관용을 베풀고 절도 있는 생활을 하도록 적극적으로 권장하고 교육받았다. 그 결과 로마가 강성했던 공화국 시대는 불의와 부정이 허용되지 않던 건실한 사회였다.

물론 로마 시대 전체가 그렇다는 것은 아니다. 로마 제국 후기에는 도덕적 타락이 두드러지게 나타 났다. 그러나, 로마가 지중해의 패권을 잡은 강대국으로 자리를 잡기까지 로마 공화국 시민들은 엄격한 도덕성을 매우 숭고하게 여겼다. 로마 사회의 스토아 윤리 사상 신봉은 로마사의 이해에 있어서 우리가 반드시 이해하고 넘어가야 할 중요한 대목이다.

위기에 맞선 국민 단결

로마는 강대국으로 가는 정석을 밟았다. 제국으로 성장해 가면서 수많은 전쟁을 치렀는데, 한 가지 특징은 로마는 개별 전투에서 진 적은 있어도 전체 전쟁에서 패배한 적은 결코 없었다는 점이다. 그렇다. 전쟁에서 진 나라는 결코 강대국이 될 수 없다.

기원전 264년 이탈리아반도를 손에 넣은 로마는 신흥대국으로 성장하였고 필연적으로 서지중해의 패권을 놓고 카르타고와 장기간에 걸친 전쟁을 할 수밖에 없었다. 무려 100여 년 동안 세 차례에 걸쳐 카르타고와 치른 전쟁을 포에니 전쟁이라고 한다. 모든 국력을 쏟아부어야했던 카르타고와의 지루하고 힘든 전쟁에서 로마는 마침내 최후의 승자가 되어 지중해를 제패하게 된다. 그런데, 로마가 처음부터 카르타고보다 군사력이 우세한 것은 아니었다. 카르타고는 상업적 요충지였기 때문에 매우 부유한 나라였고 막강한 해군력도 가지고 있었다.

해군력이 열세인 로마는 우선 최강의 해군을 자랑하는 카르타고에 맞서 똑같이 군함을 제작했다. 군함을 만든 경험이 없었기 때문에 적군의 배라도 보고 베껴서 만든 것이다. 그리고, 남이탈리아 동맹국에 원조를 요청하여 급히 140척의 노선을 만들었다. 이렇게 준비가 된 후 같은 해, 시칠리아섬 동북부의 밀라초 앞바다에서 로마는 드디어 카르타고의 함대와 맞붙었다. 자신의 약점과 강점을 알고 있던 로마는 막강한 카르타고 해군에 맞서 새로운 병기를 발명해 냈는데, 바로 끝에 쇠갈고리가 달린 '코르부스'라는 장치였다. 코르부스를 적함에 갈고리처럼 박아 고정한 후 신속하게 돌격하면 배 위에서 로마의 장기인 백병전을 벌이는 데 유리했다. 이러한 치밀한 전쟁 준비로 인해 로마는 카르타고의 배 50척을 파손시키고 1차 포에니 전쟁에서 승리를 거두었다.

1차 포에니 전쟁에서 카르타고는 로마에 패배했지만, 복수의 칼날을 갈고 있었다. 그로부터 약 20년 후에 히스파니아 지역에 대한 분쟁으로 로마와 카르타고는 다시 2차 포에니 전쟁을 시작하였다. 이 전쟁에서 로마가 저지른 큰 실수는 전략과 전술을 옛 것 그대로 사용했다는 점이다. 로마는 카르타고 본토와 히스파니아로 군대를 나누어 공격했다. 하지만 로마의 모든 전술을 이미 꿰뚫은 카르타고의 천재 사령관 한니발은 북쪽 알프스산맥을 넘어 로마의 몸통인 이탈리아로 우회했다. 로마로서는 한니발의 경로를 알아챌 길이 없었다. 대 스키피오의 아버지인 코르넬리우스 스키피오는 히스파니아의 마실리아에 다다른 후에야 이 모든 사실을 전해 들었다. 하지만 한니발의 발목을 잡기에는 때는 이미 늦었다. 스키피오는 얼른 군대를 돌려 부랴부랴 이탈리아로 회군 했다.

알프스산맥을 넘어 이탈리아에서 만반의 준비를 한 한니발은 자신들의 근거지인 풀리아로 로마군을 유인했다. 기원전 216년 아우피두스 강 칸나이 부근에서 한니발 장군은 로마에 맞서 그 이름도 유명한 '칸나이 전투'를 치렀다. 한니발의 기병대는 로마군을 완벽하게 포위해 고작 6,000명으로 로마의 5만 대군을 섬멸하는 대승을 거두었다. 칸나이 전투는 세계 전쟁사에 수적으로 불리한 상황을 이겨 낸 전술적 승리의 전례로 기록된다. 이로써 전세는 카르타고로 기우는 듯했고 로마는 잠시 침체기에 빠졌는데 이때 수많은 이탈리아 동맹국들이 로마에 등을 돌리거나 로마의 좌절을 지켜보기만 했다. 그러나, 예상치 못했던 카르타고의 정치적 내부 사정이 로마에 행운의 기회를 가져다주었다.

한니발은 마지막 전투에서 확실한 승리를 거두기 위해 본국에 지원군을 요청했지만, 한니발의 승리에 따른 정치적 위상이 올라가는 것을 두려워한 카르타고 내부에서 지원군 파견을 반대하였기 때문이다. 오히려 카르타고는 전쟁 중인 한니발에게 귀국을 명령했다. 귀국 명령을 받은 한니발은 눈물을 흘리며 이렇게 탄식했다고 한다.

"나, 한니발을 정복한 것이 적군인 로마가 아니라 카르타고의 시기와 질투였구나!"

로마는 이 기회를 놓치지 않았다. 로마는 소 스키피오를 집정관으로 임명하고 그에게 카르타고와의 전쟁에서 완전한 승리를 거두

〈잠마전투〉
BC 202년 카르타고 장군 한니발과 로마 장군 스키피오가 격돌한 결전이자 2차 포에니 전쟁을 종결짓는 전투이다.

도록 전권을 주었다. 카르타고는 탁월한 전략가인 한니발 장군을 질투하였지만, 로마는 소 스키피오 장군에게 모든 권한을 주고 단한 가지만 요청하였다. 무조건 전쟁에서 승리해라. 독재를 싫어하는 로마이기에 소 스키피오에게 모든 권한을 준 것에 대해 정쟁이 있을 법한데 로마는 모든 정쟁을 멈추고 국가의 위기 앞에서 모든 국민이 일치단결하였다. 전권을 위임받은 소 스키피오 장군은 카르타고 군대를 밀어붙여 방어선을 허물고 치열한 전투를 벌여 결국 카르타고 군대를 궤멸시켰다.

마침내 세 차례에 걸친 포에니 전쟁에서 승리한 로마는 그 후 50년도 채 지나지 않아서 동부 지중해마저 손에 넣고 유럽과 아시아, 아프리카를 뛰어넘는 대국으로 성장하였다. 로마의 포에니 전쟁 승리는 우리에게 소중한 교훈을 가르쳐 준다. 전쟁에서 승리하기 위해서는 반드시 온 국민이 일치단결해야 한다는 것이다.

자유와 노블레스 오블리주

역사가 타키투스에 따르면 로마 공화정 때 로마는 언론과 표현의 자유가 보장된 국가였다. 그래서 시민들은 대중 앞에서 마음껏 연설을 할 수 있었다. 앞서 설명했듯이 로마의 집정관, 원로원, 민회의 삼권분립 효과는 바로 특정 이데올로기가 지배하지 못하게 했다는 점이다. 정치란 특정 이데올로기를 가진 집단이 정권을 차지함으로써 자신이 가진 이데올로기가 옳다고 믿고 따르는 사람들의 자유를 제한하려는 유혹이 강하다. 로마는 이런 유혹을 물리치고 자유를 제도적으로 보장하기 위해 원시 삼권분립뿐만 아니라 자신이 옳다고 생각하는 것을 대중 앞에서 자유롭게 연설할 수 있도록 보장했다. 자신의 옳다고 생각하는 것을 말할 수 있는 것은 표현의 자유와 양심의 자유이다. 그리고 이것을 대중 앞에 널리 말하는 것은 언론의 자유이다. 로마 시대에는 방송이나 인터넷이 없었기 때문에 사람들이 많이 모인 곳에서 연설하는 것은 오늘날 언론의 자유에 해당한다.

로마 공화정에서 청소년들이 꿈꾸는 미래는 훌륭한 정치가와 장군이 되는 것이었다. 그 꿈을 이루려면 대중 연설을 잘해야 했다. 연설의 자유가 보장되는 로마에서는 청소년들이 이런 연설 공부에 몰두했다. 필자도 연설을 공부하기 위해 잠깐 키케로의 연설을 읽어 본 적이 있다. 아마 로마 시대 청소년들이 이러했을 것이다.

표현의 자유를 증진하는 로마의 정치 체제는 그 시대 다른 나라와 비교했을 때 더욱 빛을 발휘하는 면이 있다. 로마 공화정이 있던 시기는 기원전 500년에서 기원전 30년 사이로 동시대의 알렉산더 제국과 메소포타미아 국가들 그리고 이집트는 로마와 같은 자유를 누리지 못했다. 파라오의 이집트 왕조는 원래부터 정치적 자유가 없었으며 마케도니아에서 시작한 알렉산더 제국조차도 동방의 전제군주정 제도를 받아들였기 때문에 대중 앞에서 자유롭게 연설할 수 있는 국가가 아니었다.

로마는 당시 주변 국가와는 다르게 표현의 자유, 언론의 자유를 보장한 국가였으며 이것을 인류에 문화유산으로 남겨 주었다. 로마를 위대한 제국으로 평가하는 또 한 가지 이유이다. 로마가 표현의 자유를 억압하지 않는 정치 체제였다는 점은 오늘을 사는 우리에게도 시사하는 바가 매우 크다.

이쯤에서 필자는 독자들이 마음속으로 궁금해하는 질문을 하고 싶다.

혹자는 국민의 도덕성이 강대국을 만드는 요소라면, 법률로 국민에게 도덕적인 것을 강제하고 지키지 않았을 때 처벌하면 강대국이 될 수 있는 것이 아니냐고 반문할 것이다.

대답은 간단하다. 그렇지 않다는 것이다.

왜냐하면, 한 가지 매우 중요한 요소가 결여되어 있기 때문이다. 바로 자유이다. 법률로 도덕적인 것을 강요하고 지키지 않으면 처벌하는 것은 바로 자유를 억압하는 것이기 때문이다. 이것은 독재국가가 강대국으로 성장하지 못하는 한결같은 이유이기도 하다. 자유의 선택에 의해 이뤄지지 않기 때문이다.

도덕이란 근본적으로 무엇이 옳고 그르냐에 대한 자유 선택이다. 도덕의 증진은 자유가 주어진 곳에서 개별 주체의 선택으로 이루어져야지 강제해서는 안 된다는 점이다. 자유가 없는 도덕은 강압이기 때문이다. 대표적으로 공산주의 국가, 독재국가 등은 집권자들이 옳다고 믿는 것(자신들의 도덕)을 국민에게 강제하고 자유를 빼앗아 간다. 이런 나라들은 결코 강대국이 될 수 없다. 다시 한번 강조하지만, 로마 제국, 대영제국 등 우리가 알고 있는 강대국들은 국민의 도덕성이 주변 국가들과 비교하면 월등히 높았음에도 불구하고 그들의 정치 체제가 자유를 억압하지 않았다는 점이 매우 중요하다.

현대 여러 국가의 정치권이 범하는 우愚가 있다. 집권자나 지지층이 믿는 이데올로기가 옳다고 생각하여 이를 법으로 강제하고 국민의 자유를 빼앗아 버린다는 점이다. 이것이 요즘 여러 국가에서 범해지는 실수이다. 차별금지법은 특정 이데올로기를 가진 집단이 모든 차별은 나쁘다고 규정하고 이를 어기면 처벌하는 것인데, 사실 왜 모든 차별이 나쁜지는 동의할 수 없거니와(사람의 마음속에 어떤 것에 대해 호불호를 느끼는 것은 인간의 본성이기 때문), 그보다도 더 근본적인 문제점은 이 법이 생각이 다른 사람들의 표현의 자유를 박탈한다는 점에 있다. 한마디로 악법이다.

현명한 정치인들이 항상 주의할 점은 정치나 법률이 자유를 억압하지 않도록 해야 한다는 점이다. 로마 제국은 오늘날 우리에게 중요한 유산을 남겼다. 철저하게 법치를 해라. 그러나 자유를 훼손해서는 절대 안 된다. 자유를 증진하면서 법치를 한다는 것은 실제로는 쉽지 않다. 권력과 정치란 법을 통하여 자유를 제한하려는 유혹이 강하기 때문이다. 더구나 권력자가 포퓰리스트일 경우에는 더욱 그렇다. 따라서, 역사상 수많은 나라들이 있었지만, 강대국으로 발전한 나라는 손에 꼽을 수 있을 정도밖에 없다.

로마가 이렇게 소수의 손에 꼽을 수 있을 정도의 강대국이 된 이유에는 한 가지가 더 있다.

로마인들은 철저하게 노블레스 오블리주를 실천했다. 노블레스 오블리주는 도덕성의 발효이면서 자유를 훼손하지 않는 방법이기 때문이다.

고귀하게 태어난 사람은 고귀하게 행동해야 한다는 뜻의 노블레스 오블리주는 말하기는 쉬워도 실제 실천하기는 어려운 법이다. 그런데, 이것이 로마 제국 귀족들에게는 불문율이었다. 스토아 철학사상이 로마 사회에 지대한 영향력을 미치고 있었기 때문이다. 로마 귀족들은 평민보다 앞서 솔선수범과 절제된 행동으로 국가의 초석을 다졌다.

오랜 전쟁으로 국고가 바닥이 나자 전시국채戰時國債를 발행했는데 귀족들과 원로원 및 정부 요직에 있는 사람들만 구입하게 했다. 평민들에게는 전비를 부담시키지 않은 것이다. 국가의 운명이 달린 포에니 전쟁 때는 전쟁세를 신설하고 재산이 많은 원로원 의원들이 더 많은 세금을 부담했다. 그들은 제일 먼저 기부를 하기 위해 경쟁적으로 수레에 돈을 싣고 국고를 채웠고, 물이 위에서 아래로 흐르듯이 이를 본 평민들도 뒤질세라 앞다퉈 세금을 냈다.

그뿐만이 아니다. 귀족들은 평민들보다 먼저 전쟁터에 나가 국가를 위해 싸웠는데, 2차 포에니 전쟁 때는 로마 최고 권력자인 집정관 25명이 참전하였고 8명이 전사하기도 했다.

로마가 가진 또 하나의 전통은 유력자가 공공건물을 자비로 건축하여 헌납함으로써 부의 사회 환원을 실천하는 것이다. 전쟁에서 큰 전공을 올려 부와 명예를 얻게 된 개선장군은 공공건물을 지어서 국가에 기증하는 것을 당연하게 생각했다. 로마의 공공건물은 이렇게 지어진 것들이 많았다. 로마 최초의 간선도로인 아피아 가도는 기원전 312년 감찰관 아피우스 클라우디우스가 사유재산을 들여 건설한 도로다.

아우구스투스는 재산의 사회 환원을 국가 정책으로 만들어 스스로 솔선수범했고 유력자들에게도 동참할 것을 권유했다. 이렇게 자신의 사재를 내놓아 공공건물을 건설하여 희사한 리더들에게 돌아가는 혜택은 무엇이었을까? 건물의 명칭에 가문의 이름을 새기

거나 송덕비에 이름을 남기는 게 전부였다.

시오노 나나미가 쓴 '로마인 이야기'에서 로마 제국이 1000년에 가까운 세월을 지탱한 저력은 바로 '노블레스 오블리주Noblesse Oblige' 때문이라고 하였다. 기원전 20년 최초의 로마 통사를 저술한 티투스 리비우스는 로마에 대해 예언과도 같은 말을 했다.

"윤리 도덕이 건전할 때 나라가 흥하고, 윤리 도덕이 타락할 때 나라가 망한다."

노블레스 오블리주가 쇠퇴한 로마 제국은 결국 멸망했지만 이런 정신은 후에 대영제국으로 이어져 다시 한번 꽃을 피우게 된다.

4장

고려의 멸망과
조선의 건국

신진사대부 등장:
성리학적 이상 국가 건설

신진사대부 등장:

성리학적 이상 국가 건설

신진사대부의 등장

고려말 국민의 삶은 매우 힘들었다. 홍건적의 잦은 침략으로 북방 국경지대에 사는 백성들은 늘 두려움에 떨어야 했고 왜구의 잦은 침입으로 해안가에는 백성들이 살 수 없을 정도였다. 근본적으로 국가가 문란해져서 국민의 삶이 몹시 피폐해졌다. 고려말에는 권문세족이라는 권세가들이 있었는데 원나라 시대 때 권력을 얻어 계속 막강한 권력과 경제력을 행사하였다. 고려말 충선왕이 세자 시절에 백성들이 행차하는 세자의 길을 막고 억울함을 호소했던 이유는 권문세족들이 가난한 농민들의 농토를 빼앗은 것과 양인을 노비로 전락시킨 것 때문이었다. 그러나 고려 조정은 무기력했다. 국가의 잘못된 점을 고치고 나라를 앞으로 이끌고 나갈 생각은 하지 않고 여러 파벌로 나뉘어 권력 투쟁에만 몰두하였다.

한편, 고려말에 신진사대부로 일컬어지는 새로운 정치 세력이 등장하기 시작했다. 이들은 주로 지방 출신의 지식인들로서 오랜 세월 고려를 움직여 오던 낡은 사회구조를 바꾸고 중국 송나라에서 발전한 신유학을 패러다임으로 새로운 사회질서의 구축을 추구했다. 신유학은 원시 유학인 공자, 맹자, 순자의 근본으로 돌아가자는 것으로 흔히 성리학이라 불리는데 남송 시대 주자에 의해서 정립되었다. 성리학은《논어》,《맹자》,《대학》,《중용》을 사서四書라 하여 제일 중요한 경전으로 여기고 이 중에서 가상 기본이 되는 책이《대학》이다.《대학》은《예기》의 한 편명이었던 것을 성리학자들이 떼어내 독립된 책으로 만들어 사서의 반열에 올린 것이다. 대학의 내용을 알아보자.

대학의 핵심 내용을 축약하면 한 단어로 '수신제가 치국평천하修身齊家 治國平天下'이다. 즉, 먼저 자신의 몸과 마음을 닦아 수양하고, 자신의 집안을 가지런하게 하고 나라를 다스리면 천하를 평화롭게 할 수 있다는 뜻이다.

일찍이 공자는 왕과 소수의 귀족층이 아니라 '군자君子'가 나라를 이끌어야 하며, 인仁과 예禮와 같은 보편성을 가진 원리와 원칙에 따라 국가가 운영되어야 한다고 주장했다. 무엇보다 정치에 참여하는 자는 스스로 마음을 닦아 세상을 경영할 수 있는 바른 심성과 지식으로 무장된 '군자'여야 한다는 것, 군자는 출생에 따라 정해지는 것이 아니라 누구나 스스로 노력하면 될 수 있다는 주장은, 오랜 세월 귀족사회의 벽에 막혀 뜻을 펴지 못하고 좌절하던 수많은 지식

修身齊家治國平天下

〈수신제가치국평천하〉
4서3경에서 대학의 핵심사상이다. 원래 예기 42편이었는데 송나라 사마광이 따로 분리하여 대학으로 만들었다.

인의 가슴을 흔들어 놓았다. 공자의 정치사상은 신유학의 바람을 타고 불교의 국가였던 고려에서 새로운 시대를 꿈꾸던 젊은 지식인들 사이에 폭발적인 반향을 불러일으켰다.

그들이 꿈꾼 국가

고려말 새로운 신진사대부들은 대학을 읽고 논어를 읽으면서 성리학적 이상을 가진 국가를 건설하는 것에 푹 빠져버렸다. 성리학의 이상을 실천하는 나라, 요약하면 왕은 혈연관계 때문에 대물림되는 것이니, 과거시험을 통해 선발된 유능한 관료를 통해 나라의 행정과 정치를 이끌어 부강한 나라를 만들자는 것이었다. 당시로써는 혁신적이고 참신한 정치 제도였던 셈이다.

고려 때에도 과거제도가 있었지만, 말년에 과거가 공정하지 못했고 과거보다는 음서제도를 통해서 관직에 진출하는 경우가 더 많아 권문세가의 자제들이 집안 배경으로 관직에 진출하니 전국에서 인재를 등용할 수가 없었다. 그런데, 성리학적 이상으로 전국 각지에서 과거시험을 통해 학문 실력으로 가려 뽑은 뛰어난 인재들이 왕을 보좌하고, 왕은 국민을 섬기니 그야말로 이상적인 왕조 제도인 것인데, 이런 사상은 고려말 지식인들의 마음을 완전히 사로잡았고 그들은 이런 나라를 만들기 위해 의기투합했다.

신진사대부들은 사전을 혁파하고 토지도 개혁하고자 했다. 농민들에게 골고루 토지를 나눠줘 백성들과 나라가 전부 잘사는 나라를 꿈꿨다. 권문세족들이 가진 농토를 '농장農莊'이라고 하는데, 여기서 '마당 장場'자가 아니라 '장원 장莊'자를 쓰는 것은 영지領地라는 뜻으로 토지의 크기가 산천을 경계로 삼을 정도로 매우 크다는 뜻이다. 따라서, 조선 건국 때 건국 세력의 대표적 개혁 정책은 1391년에 반포된 과전법이었다.

권문세족들의 개인 소득이었던 토지를 몰수하고 이를 국가 및 왕실, 관료들의 녹봉으로 돌린 것으로 과전법에 따라 관료들에게 봉급의 명목으로 전답을 배분해 경작자에게 일정한 수조를 받게 했다. 과전은 반드시 경기도 내에 한정했다. 종전처럼 전국 각지에 사전이 범람하는 것을 막으려는 예방조치였는데 경기도 내의 토지로는 관료들에게 나눠줄 과전이 부족해서 경기도의 범위를 약간 늘렸다. 양광도, 교주도, 서해도의 일부를 경기도로 편입했는데 오늘날 경기도가 이렇게 커진 이유이기도 하다.

과전법의 구조는 어땠을까? 국가에서 과전을 받은 관료들은 관직 수행의 대가로 해당 과전科田 수확량의 10분의 1을 조租로 걷고,

그렇게 받은 곡식 중 10분의 1을 국가에 세금으로 내는 구조였다. 관리들이 권력을 배경으로 더 많이 거둬 가는 것을 방지하기 위해 "무릇 공전과 사전을 막론하고 1결당 조는 논이면 조미 30말이고, 밭이면 잡곡 30말인데, 그 이상을 제멋대로 거두는 자는 뇌물죄로 처벌한다."라고 엄격하게 규정하고 있다.

과전법에서는 농민들의 경작권을 강력하게 보호했다. 경작권은 농민들이 그 땅에서 농사를 지을 권리인데 사실상, 이 경작권이 소유권에 해당한다. 과전법에서는 경작권 보호 조항이 아주 자세하고도 엄격하다.

"전주가 전객의 소경전을 빼앗은 것이 1부에서 5부까지 이르면 태笞 20대에 처하고, 5부마다 1등을 더한다. 죄가 장杖 80대에 이르더라도 직첩職牒은 빼앗지 않지만, 1결 이상일 때는 빼앗아 다른 사람에게 준다."

즉, 과전법에서는 관료라도 마음대로 농민의 경작권을 빼앗을 수 없었다. 과전법은 관료들이 살아있을 때만 해당 과전에서 나오는 조세를 거두고, 죽은 뒤에는 국가에 반납해야 했다. 과전법은 조선 왕조 개창의 정당성을 설파할 수 있는 가장 강력한 수단이었다. 신흥사대부는 과전법을 통해 농민들의 지지도 확보하고 새 왕조 개창의 물적 토대도 마련했다. 개국 직후 성리학적 이상이 충만한 조선 초기시대에는 정치는 안정되고 백성들의 삶은 좋아졌다. 양인

농민도 과거에 응시할 수 있어서, 조선 개국 후 초기에 양인으로서 과거에 급제한 사례가 10여 건이나 있었다.

이 시기에 많은 민족 문화 창달이 일어나는데, 측우기와 해시계가 만들어지는 등 백성들의 삶을 향상하기 위한 기술 발전이 일어났으며, 무엇보다 백성들을 위한 우리나라 고유의 문자인 훈민정음을 창제하게 되었다. 또한, 경제력과 군사력을 바탕으로 세종 때 지금의 함경북도인 4군 6진을 개척하여 국토를 넓혔으며 쓰시마섬에 군대를 파견, 왜구의 근거지를 소탕하여 국민의 삶을 편안하게 하였다. 조선 초기에 이런 국력의 중흥이 일어난 것은 성리학에 따른 도덕률 향상이었다.

성리학이 가장 빛을 발한 것은 세종대왕 치세였다. 부국강병과 국리민복이라는 목표의식이 뚜렷했고 관료들은 사소한 규정이나 관례에 얽매이지 않았다. 국가를 위한 합리적 시책을 만들었으며, 다양한 배경, 다양한 신분의 사람들이 능력에 따라 선발되어 각자의 소질을 계발하며 찬란한 시대를 꽃피웠으니 나라는 튼튼했고 백성들의 삶은 희망에 차 있었다. 그야말로 조선 초기는 조선 시대 최대 황금기였다.

5장

영국의 발호

야만족에서 대영제국으로:
혁명이 없었지만 진정으로 세계를 변화시킨 나라

야만족에서 대영제국으로:

혁명이 없었지만 진정으로 세계를 변화시킨 나라

야만족의 국가 잉글랜드

"네 시작은 미약하였으나 나중은 창대하게 되리라."

영국의 역사가 바로 이렇다. 영국의 시작은 야만족의 국가 그 자체였다. 잉글랜드 중부지방 에는 과거 로마 제국의 성벽이 그대로 남아 있다. A.D. 4세기 때의 로마 제국 지배하의 성벽 이 유물로 남아 있는 것이다. 이것은 단순한 유물이 아니라 영국이 미개한 지역이 아니고 선진 로마의 지배를 받는 지역임을 나타내는 자랑스러운 유물이 되는 것이다. 로마 제국의 속주로 편입되어 지배를 받은 것이 자랑스러운 것이니 역설적으로 영국이 야만이 아니고 문명화되었다는 것을 나타낼 수 있기 때문이다.

프랑스와 스페인에도 로마 제국 시대의 많은 유물이 있지만, 영국만큼 자랑스럽게 홍보되지는 않는다. 프랑스와 스페인을 야만족 국가라고 지칭할 사람들이 없기 때문이다. 역설적으로 야만족 국가 콤플렉스가 있는 나라가 영국이라 할 수 있다. 고대 영국은 켈트족의 나라였다. 로마 시대의 기록에 따르면 켈트족은 야만족 그 자체였다. 그들은 모든 야만족 특징을 다 가지고 있었는데 부족 내부에 있어서나 부족 간의 싸움에 있어서 매우 호전적이고 흉포했다. 때로는 이성을 잃고 전투할 때 벌거벗은 채 돌진했으며, 머리끝에서 발끝까지 대청이라는 풀로 만든 푸른색 물감으로 온몸을 물들이고 적에게 공포감을 주기 위해서 괴성을 지르며 돌진했다고 한다.

종교도 그러했다. 영국 중서부 윌트셔 주 솔즈베리 평원에 있는 스톤헨지는 고대 영국인들이 원시적인 주술을 행했던 것으로 추정되는 곳이다. 켈트족의 종교는 드루이드교였다. 드루이드교는 인신 공양을 하는 매우 야만적이고 반인류적인 종교여서 로마가 브리튼을 정복했을 때 금지했다고 한다. 서로마제국 말기에 게르만족의 대이동으로 인하여 게르만족의 일파인 앵글로 색슨족이 영국에 대거 이주하여 살기 시작했다. 이들이 현재 영국인의 주류 민족으로 형성되어 지금도 영국인을 흔히 앵글로 색슨족이라고 한다. 그러던 영국이 1066년 노르망 바이킹족의 침략을 받아 완전히 다르게 변했다.

바이킹족의 우두머리인 윌리엄이 1만 명의 병사를 이끌고 영국을 침공하여 정복하고 나서 영국의 정치, 문화, 사회는 이때를 기점으로 완전히 변하게 된다. 윌리엄은 영국의 왕이 된 후 그를 따르던 노르망 바이킹족을 귀족으로 봉하여 영국 각 영지를 주어 다스리게

〈스톤헨지〉
원형의 흙 구조물 한가운데 거대한 바위들을 여러 형태로 세워 배열한 선돌 유적지
로 영국 솔즈베리 평원에 있다.

하였다. 지배층이 된 이들은 영어를 배우려고 하기보다는 자신들
바이킹 언어를 써서 영국 언어의 교란이 일어났다. 이때 바이킹이
사용하던 고대 노르디어는 고대 영어에 영향을 주었는데 오늘날 영
어 단어에도 고스란히 남아 있다.

　예를 들면, Tyr's day(전쟁의 신의 날)는 Tuesday로, Odin's
Day(바람의 날)는 Wednes day로, Thor's day(토르 신의 날)는 Thurs
day로, Frigg's day(사랑과 미의 여신의 날)는 Friday로 당시 노르드인
의 신들을 상징하는 단어가 오늘날 영어의 요일이 되었던 것이다.

언어뿐만 아니라 법률도 바뀌게 되었는데 영국이 전 세계에서 미국과 함께 유일하게 판례법이 된 것도 당시 바이킹족의 침범 때문이다. 원래 중세 영국은 지방마다 자체 관습법으로 판사가 재판을 했는데, 새로 영국의 영주로 임명된 바이킹 귀족들은 재판을 너무나 작위적으로 하였다. 이에 영국인들이 왕실 법정에 직접 재판을 탄원하였는데, 왕실 법정에서는 지방마다 다른 관습법을 알 수가 없어서 재판 진행이 어려웠다. 이에 왕실 법정에서는 각 지방마다 관습법을 무시하고 보통적으로 재판을 진행해서 그 후 영국법을 보통법이라 부르게 되었다. 오늘날 영미법을 판례법 또는 보통법이라 하는 것도 이 때문이다.

이런 야만족의 국가 영국이 천지개벽하여 19세기 세계 최강의 대영제국을 건설했다. 매우 놀랍지 않은가?

대영제국은 인류사에서 최초의 해가 지지 않는 대제국이었다. 영국에서 아프리카, 아라비아, 인도, 호주와 뉴질랜드, 그리고 태평양의 여러 섬나라 국가들, 북미 캐나다에 이르기까지 대영제국이 건설한 식민지는 세계 곳곳에 있어 지구가 자전하여도 대영제국은 해가 지지 않는 제국이 되었다. 대영제국이 만들어 낸 위대한 창조물들은 오늘날 우리의 생활에 지대한 영향을 미치고 있다. 산업혁명을 일으켜서 빈곤을 해결하고 인류에게 엄청난 부를 가져다주었으며, 의회민주주의를 만들어 오늘날 자유민주주의 국가를 건설할 수 있도록 세계에 전파하였다. 또한, 자본주의와 자유무역도 영국을 통하여 심화 발전하였으며, 오늘날 우리가 사용하고 있는 제도로 안착하였다.

어디 그뿐인가. 전 세계에서 공통어로 사용하고 있는 영어는 바로 영국인들의 언어이다. 프랑스어, 스페인어, 중국어도 있지만, 영어와의 위상은 비교가 되지 않으며 영어가 세계 유일의 국제어가 된 것은 바로 영국의 유산이다. 도대체 지구 가장 서쪽에 위치한 조그만 섬나라가 어떻게 이토록 전 세계에 큰 영향을 미치는 국가가 되었을까? 생각할수록 경이롭고 놀라울 따름이다.

왕조 중심의 역사 기술이란

섬나라 영국이 19세기 세계를 지배한 최강대국이 된 것도 놀랍지만, 브린튼 섬 면적이 고작 20만9천 제곱킬로미터로 한반도의 22만 제곱킬로미터보다 작다는 점은 우리에게 특히 흥미를 유발한다. 한반도보다 작은 면적으로 최강대국 대영제국을 건설했으니 말이다. 이게 어떻게 가능했으며 도대체 영국에는 무슨 특별함이 있었던 것일까? 궁금증을 가지고 흔히 고등학교 세계사 시간에 배우는 왕조 중심으로 영국 역사를 잠깐 살펴보도록 하자. 영국의 성장기인 1507년부터 1649년까지 140년 동안의 영국 역사를 왕조 중심으로 기술하면 아마 다음과 같을 것이다.

튜더 왕가의 헨리 8세는 스페인의 공주 캐서린과 결혼 후 딸을 얻었지만, 남아를 낳지 못한다는 핑계로 이혼을 하려고 했다. 헨리 8세는 로마 가톨릭에서 이혼을 반대하자 교황과의 결별을 선언하고 1534년 수장령首長領을 내려 영국 교회를 로마 가톨릭으로부터 분리했다. 그는 캐서린과 이혼 후에 앤 볼린과 재혼하였다. 헨리 8세는 중앙집권체제를 강화하고 왕의 신성한 권리에 대한 이론을 도입하여 절대왕정을 확립하였고 왕실해군을 창설하고 해군력을 강화하도록 하였으며, 빈민과 실직자를 구제하는 '헨리 구빈법'을 반포하였다.

헨리 8세의 세 번째 왕비 제인 시모어로부터 얻은 아들 에드워드 6세가 9살의 나이로 1553년에 왕위를 계승했다. 어린 나이에 왕위를 물려받았으므로 삼촌인 서머싯 공작 에드워드 시모어가 섭정하였다. 에드워드 6세는 통치 기간 내내 숙부들과 다른 귀족 세력들 간의 권력 다툼에 시달렸으며 폐결핵으로 사망하고, 그의 이복 누나 메리 1세가 그다음 왕위를 이었다.

메리 1세는 아버지 헨리 8세가 어머니와의 결혼 무효를 위해 로마 가톨릭에서 분리된 것과 그 결과 자신이 사생아가 되었던 것에 대한 원한으로 부모님의 결혼이 합법적이라고 선언했다. 그녀는 영국 교회의 개혁을 주도한 토머스 크랜머를 비롯하여 고위 성직자 280명을 처형하였으며, 이교법의 부활로 많은 개신교도들을 숙청하여 '피의 메리'라는 별명을 얻게 되었다. 메리 1세를 뒤이어 그녀의 이복 여동생 엘리자베스 1세가 왕위를 이었다.

엘리자베스 1세는 44년 동안이나 잉글랜드와 아일랜드를 다스렸다. 그녀는 온건한 종교 정책을 펴 이교 법을 철폐하였으며 급진적이지 않은 온건한 종교 개혁자를 등용했다. 이후 영국 성공회가 영국 국교로 인정되면서 왕권을 강화했다. 그녀는 프랜시스 드레이크Francis Drake에게 기사 작위를 내리고, 스페인을 선제공격하도록 하여 스페인 무적함대를 격퇴해 해상 무역권을 획득하였다. 그러나 흉년과 무역 쇠퇴로 경제가 좋지 않았으며 언론을 탄압하고 군주로서의 권위를 지나치게 남용하여 의회와 충돌이 심하였고, 아일랜드 반란과 런던 반란이 발생하였다.

엘리자베스 1세가 후사가 없이 죽자, 그녀의 뒤를 이어 1603년 스코틀랜드 왕인 제임스 1세가 잉글랜드 왕위에 올라서 스튜어트 왕가를 열었다. 이를 계기로 스코틀랜드와 잉글랜드는 합쳐지게 되었다. 제임스 1세 때 무역이 활발해져 양모의 수출량이 증가하면서 인클로저 운동enclosure이 일어났다. 농경지가 줄어들자 일자리를 잃은 농촌 노동자가 많아져 사회문제로 대두되었고 빈민 농들의 대규모 반대 운동과 농민의 반란이 일어났다. 제임스 1세 때 가톨릭교도들에 대한 차별이 공공연하게 벌어지면서 성공회로 개종을 강요받자 가톨릭교도들은 불만을 품고 제임스 1세를 암살하려고 했다. 하지만 의사당에 설치한 화약이 발각되면서 카톨릭교도들에 의한 제임스 1세 암살 계획은 실패로 끝났다.

제임스 1세의 뒤를 이어 1625년 둘째 아들 찰스 1세가 왕위에 올랐다. 그는 의회의 반대에도 불구하고 가톨릭 신자인 프랑스 공주 마리아와 결혼하여 왕실 내에 로마 가톨릭을 용인하는 분위기가 생겼다. 이 때문에 의회와 갈등이 발생했으며 그는 왕권신수설을 주장하여 통치하려 해서 의회와 갈등을 지속하였다. 찰스 1세는

30년 전쟁에서 프로테스탄트 군대를 돕기 위해 원정을 나갔고, 이 때문에 세금을 추가로 부과하여 국왕과 의회의 사이는 더 나빠져서 급기야 잉글랜드 내전이 발생하였고 찰스 1세는 의회파에 패배하여 처형당하였다.

이상은 왕조를 중심으로 발전기의 영국사를 요약한 것이다. 이처럼 왕조를 중심으로 영국 역사를 살펴보면 유럽의 여느 국가와 별 차이가 없다. 심지어, 동양의 여느 국가의 역사와도 별 차이가 없다. 그냥 왕의 집권과 권력 강화, 반란, 전쟁, 그리고 복잡한 국내 정치 상황 등 보통의 여느 국가와 별다른 차이를 발견할 수 없다. 이처럼 학교에서 배우는 왕조 중심의 역사는 한 나라가 왜 강대국이 되었으며 원인이 무엇인지를 제대로 파악하기 어렵다. 이것은 한 나라가 강대국이 되는 과정에는 왕조의 역사가 아니라 다른 무엇인가가 있기 때문이다. 바로 국민의 역량이 강대국의 위상에 맞게 변하는 것이 핵심이다. 여기서 국민의 역량이란 무엇일까. 지식일까? 준법정신일까? 근면일까? 이 모두를 뛰어넘으며 아우르는 단어가 있다. 바로 도덕적 역량이다. 뭐 도덕이라고? 너무나 평범해서 다소 의아해할 사람들이 있을 것이다. 그렇다. 이 평범한 도덕이 강대국으로 가는데 반드시 필요하다. 이것 없이는 어떤 나라도 강대국이 될 수 없기 때문이다.

강대국으로 발전하기 위해서는 국민의 도덕의식이 주변 국가와 비교하여 확연히 우수해져야 한다. 영국 국민은 영국이 최대 강대국이 되고 쇠퇴하기 전까지 주변 유럽 국가들과 비교하여 도덕성이 매우 두드러지게 우수했다. 그 이유를 제외하면, 국토가 크지도 않고 비옥하지도 않으며 자원이 풍부한 것도 아니고 인구가 많지도 않은 영국이 모든 유럽 국가들을 뛰어넘어 혁신을 이뤄내고 18~19세기 최강대국이 된 다른 어떤 이유도 찾을 수 없다.

나는 이 책의 많은 부분을 영국 역사에 대한 고찰과 이야기로 할애하고자 한다. 그만큼 분명하고 가치 있게 독자들에게 국민의 도덕성이 국가 발전에 어떤 지대한 영향을 끼치는지 영국사보다 더 생생하게 증언해주는 것은 찾아볼 수 없기 때문이다.

혁명이 없는 나라

영화 아마데우스를 본 독자들은 다음과 같은 장면을 기억할 것이다. 어린 천재 꼬마 소년이 피아노를 치자 같은 나이 또래의 왕족 소녀가 손뼉을 치고, 그 천재 꼬마 소년은 소녀 앞에 나아가 멀쑥이 말한다

"나랑 결혼해 줄래?"

이 천재 소년은 모차르트고 어린 왕족 소녀는 마리 앙투아네트이다. 이 장면을 보는 관객들은 살짝 미소를 짓지만, 어린 왕족 소녀 마리 앙투아네트는 나중에 프랑스 혁명대에 의해 단두대에서 처형을 당한다. 정말 끔찍한 얘기다. 이웃 나라 프랑스에서 혁명이 발생하여 왕비뿐만 아니라 루이 16세도 단두대에 처형을 당했고, 그 후

폭동과 혁명과 관련된 전쟁으로 200만 명의 무고한 프랑스 국민이 사망했으며, 재판으로만 3만 명이 처형되었다고 하니 단 산체스Dan Sanchez는 프랑스 혁명이 사람들이 무리를 만들어 폭력을 정당화시킨 야만의 역사라고 평가했다.

그런데, 영국은 프랑스와는 다른 매우 독특한 특징이 있다. 바로 유혈 혁명이 없었다는 것이다. 영국에 전혀 혁명이 없었다고 하는 것도 사실이 아니다. 유혈 혁명이 없었을 뿐이지 혁명은 있었기 때문이다. 역사가들이 명명한 명예혁명이 있었다. 명예로운 혁명이라고 불리는 이 독특한 혁명은 무엇일까?

1688년 제임스 2세가 개신교도를 박해하지는 않았지만, 친 가톨릭 정책을 취하고 있었기 때문에 영국 의회와 국민은 영국이 혹시나 다시 가톨릭 국가로 회귀하는 것이 아니냐는 의구심을 품게 되었다. 영국 국민은 로마 가톨릭 국가로 회귀하는 것을 극도로 싫어했기 때문이었다. 더구나 제임스 2세가 이탈리아 출신의 가톨릭 교도 마리 모데나와 결혼해서 아들을 출산하게 되자 의구심은 더욱 커졌다. 마침 캔터베리 대주교 윌리엄 샌크로프트가 제임스 2세의 친 가톨릭 정책에 반대하다 런던탑에 갇히게 되자 의회는 신교도이면서 제임스 2세의 조카인 네덜란드의 오렌지 공 윌리엄 3세에게 밀서를 보내 네덜란드 군대를 이끌고 영국에 와 제임스 2세를 추방해 달라고 요청했다. 윌리엄 3세는 1만 5천 명의 네덜란드군을 이끌고 영국에 상륙했는데 당연히 수적인 면에서 열세여서 영국군이 승리를 거두리라 예상했는데 의외로 패배했다. 그 이유는 영국군

장교 대부분이 개신교도였고 이들이 싸우지 않고 전부 항복했기 때문이다. 제임스 2세는 제대로 싸워보지도 못하고 패하여 프랑스로 망명을 떠났기 때문에 '피를 한 방울도 흘리지 않은' 혁명이라고 하여 '명예혁명'이라 불리게 되었다.

명예혁명의 결과로 국왕이 된 윌리엄 3세와 메리 2세는 권리장전을 승인하게 된다. 권리장전은 기존의 마그나카르타에서 규정한 의회 승인 없이 과세를 금지하는 것에 추가하여 의회 동의 없이 상비군 유지를 금하고, 선거의 자유와 의회 발언의 자유, 국민 청원권을 보장하고, 의원의 면책 특권 등도 보장했다. 그리고, 왕이 헌법 아래 놓임으로써 세계 최초로 입헌군주제가 시작되었다. 이렇게 해서 영국은 유혈 혁명이 없었지만, 정치가 당시 세계에서 가장 발전한 나라가 되었다.

영국을 입헌군주제로 바꾼 명예혁명이 사실 하루아침에 이뤄진 것은 아니다. 기초공사 없이 멋진 탑이 만들어질 수는 없기 때문이다. 명예혁명이 일어나기 약 470년 전, 존 왕이 귀족들의 요구에 따라 '마그나카르타'라고 불리는 '자유 대헌장'에 서명하게 되었다. 존 왕이 십자군 원정 때부터 발생한 막대한 전쟁비용으로 과도한 세금을 거두어들이고, 프랑스와의 전쟁에서 실패하여 프랑스에 있던 영국령을 잃어버리게 되자 왕의 실정에 견디지 못한 귀족들이 왕의 권리를 제한하는 문서에 옥새를 찍을 것을 요구하자 1215년 존 왕이 여기에 서명하게 된 것이다. 마그나카르타의 주목할 만한 조항은 39조다.

〈마그나 카르타〉
마그나 카르타는 단순히 왕과 귀족들 사이의 계약서로 치부할 수는 없으며 헌장 전체는 '모든 자유민에게' 수여되었다.

> "자유민은 동등한 신분을 가진 자에 의한 합법적 재판 혹은 국법에 따르지 않고서는 체포, 감금, 추방, 재산의 몰수 또는 어떠한 방식의 고통도 받지 않는다."

이는 그 당시 매우 파격적인 조항으로 국왕도, 성직자도, 귀족도 법 위에 군림할 수 없다는 법의 지배에 따른 통치, 즉 법치를 천명한 문서인 것이다. 주목할 것은 마그나카르타가 보호하고자 하는 것이다. 바로 국민의 자유이다. 부당한 신체적 구속으로부터 국민을 보호하고 인간 존엄의 바탕인 자유를 침해당하는 것은 막고자 한 것이다. 마그나카르타를 자유 대헌장이라고 부르는 이유이다.

13세기 영국에 도대체 무슨 일이 있었길래, 저 앵글로 색슨 야만족 영국인들이 자유는 소중하다고 주장하며 이토록 지키려고 했을까? 그 당시 유럽 여러 나라에서는 재판 없는 부당한 신체적 구속이 너무나 당연시되었다. 왕이 귀족을, 귀족이 평민의 자유를 부당하게 구속하는 것이 얼마든지 가능했기 때문이다. 이는 영국에서도 마찬가지였다. 국왕이 반역과 연관되었다며 귀족을 재판없이 감금하는 일이 비일비재했다. 여기에 대해 영국인들은 왜 반응했을까? 영국인들은 자유를 왕과 귀족과의 관계로만 보지 않고 인간의 보편적인 가치로 봤기 때문이다. 그래서 영국인들은 행동했다. 자유의 주장에는 용기가 필요한 것이다. 영국인들은 자유를 억압하는 것을 반대하고 두려움에 맞서는 용기가 필요했다. 따라서, 영국인들은 자유와 용기를 같은 가치로 본다. 그렇기 때문에 영국인들에게 자유는 목숨처럼 소중하다.

영국인들이 목숨처럼 소중히 여긴 자유는 원래 인간의 존엄성이다. 인간은 자유가 있을 때 행복하다. 자유가 없는 인간은 행복하지 않다. 인간은 원래가 자유로운 존재이기 때문이다. 이것은 인간과 동물의 큰 차이점이기도 하다. 자유는 인간을 인간답게 만드는 것이니 사람의 공동체인 국가도 자유가 있는 국가가 발전하는 것은 따라서 당연하다. 인간의 자유를 부당하게 구속하는 나라는 발전이 없고 침체만 있을 뿐이다. 지금도 자유를 부당하게 구속하는 나라들이 지구상에 여전히 있다. 그런 나라들을 봐라. 가난하고 어두움만 있을 뿐이다. 자유를 증진한 국가들은 강대국이 되고 대제국을 이루었다. 영국은 마그나카르타를 통해 신체의 자유를 보장했다. 이로써 페르시아가 보장한 거주와 종교의 자유, 로마가 보장한 표현의 자유와 함께 4가지 기본 자유권이 완성되어 인류에 헌정되었다. 우리나라 헌법에도 위 4가지 기본 자유권을 포함하고 있으니 말이다.

한 가지가 더 있다. 영국인들은 책임감 있는 자유를 주장했다. 이 점이 영국을 위대한 국가로 만들었다. 영국인들은 어떤 일에도 자유를 존중하지만, 반드시 법을 지키려고 하는 역사적 전통이 있다. 자유는 절도를 가짐으로써 더욱 잘 활성화되는 것을 그들의 경험에서 배웠기 때문이다. 즉, 자유는 도덕성을 가지고 사용될 때 더 잘 누릴 수 있다는 것으로 매우 단순하고 명쾌한 명제이지만 실천하기 힘든 진리이다. 영국인들은 이 실천하기 힘든 진리를 위해 사회적으로 하나가 되어 노력하였다. 이 과정에서 영국은 최강대국으로 발전하게 되었다.

의회제도의 놀라운 발전

영국이 만든 세계적인 정치적 발명품인 의회는 처음부터 오늘날의 모습을 가진 것은 아니었고, 처음부터 거창하게 설계하고 만든 것은 더더욱 아니었다. 영국은 전통을 중요시 여기면서 의회 제도를 천천히 조금씩 상황에 따라 발전시켜 나갔다. 11세기 노르망 바이킹 왕조에는 위탄케모트라는 귀족들의 국가적 회의 제도가 있었는데 이는 초기 지배집단이 모여 의견을 나누는 회의였다. 이후 왕실 의회로 발전하여 중앙 의결기구 역할을 하였는데, 여기에 13세기부터 귀족들에 의한 왕권을 제어하기 위한 요소가 가미되기 시작하여 시몽 드 몽포르Simon de Montfort는 의회에서 하층 귀족과 시민 대표 등 의회 참여 구성원을 하위 계급까지 확대하였다. 이어 13세기 말 에드워드 1세 때 '모범의회'가 출현하였는데, 재임 동안 매년 2회씩 의회가 열렸다. 이 의회에서도 각 자치주 도시에서 시민 2명이 하원으로 참가하여 후일 영국 하원 의회를 구성하는 의회의 모델이 되었고, 14세기 후반에는 상·하 양원으로 발전하였다.

모범의회의 획기적 발전은 바로 '자유 대헌장'에 따라 국왕도 의회의 승인 없이 과세할 수 없도록 한 이후이다. 국왕은 의회를 열고싶지 않았으나 전쟁을 하고 비용을 확보하기 위해서는 어쩔 수 없이 의회를 열 수밖에 없는 환경이 된 것이다. 의회는 11년 동안 한번도 열지 않는 예도 있었다. 하지만 귀족들은 의회를 열 때마다 국왕에게 과세를 승인해 주는 대가로 귀족들이 생각하는 국가에 필요하다고 여겨지는 법률안을 공포할 것을 요구했다.

예를 들면 1351년 제정된 반역법이다. 1350년 이전까지는 범죄가 확정되기 전에 조사하고 체포할 수 있는 권한이 법관에게 주어졌는데 이후에는 "재산이나 신분과 관계없이 누구나 법의 적정절차에 의하지 아니하고는 토지 또는 보유재산을 박탈당하지 아니하며, 체포 또는 구금되지 아니한다."라는 법안이 채택돼 영국에서 법치주의의 기초가 세워졌다. 이런 법률들이 400년 동안 조금씩 쌓여 드디어 명예혁명이 일어났고 왕도 헌법 아래 놓이는 입헌 군주제가 만들어지게 되었다. 이렇게 영국에서 총칼 없이 정치 발전이 일어난 것은 바로 왕과 귀족들이 자신들의 약속을 지키려고 했기 때문이다, 왕은 귀족들에게 한 약속을 지키며 귀족들은 왕에게 한 약속을 서로 지켰기 때문에 가능했다.

강조하고 싶은 것은 영국이 처음부터 거창하고 멋있는 의회민주주의를 기획하고 만든 게 아니라는 점이다. 단지 왕이든 귀족이든 평민이든 자유를 보호하고 자신들의 약속을 충실히 지키려고 했던 것뿐이었다. 바로 이 점이 영국에서 유혈 혁명이 일어나지 않고 서서히 평화적으로 정치가 발전해 나간 원동력이 되었다. 영국이 차근차근 의회 발전을 통해서 입헌군주제를 이루지만 진정한 입헌군주제를 하기 위해서는 의회를 이끌 지도자, 즉 수상이 필요했다. 이 역시 영국은 이상적인 의회 제도를 미리 관념적으로 설계하고 시행한 방식이 아니라 가장 영국적인 방식, 즉 상황에 따라 현실적인 필요로 수상제도를 만들었다.

1714년 조지 1세가 영국 국왕에 올라 하노버 왕조를 열었는데, 그는 비록 영국 왕족의 혈통을 가지고 있었지만, 독일에서 태어나고 자라서 영어를 전혀 못 했다. 조지 1세가 언어 문제로 의회를 관장할 수 없게 되자 그를 대신하여 의회 회의를 관장할 수상을 두기 시작하였는데 어디까지나 수상은 회의를 관장하는 역할이지 통치권을 대신 행사하지는 못했다. 그러다가 약 150년 후에 변화가 생기기 시작했다. 1861년 빅토리아 여왕의 부군 알버트 공이 죽은 후에 빅토리아 여왕은 우울증에 걸려 정무에서 완전히 손을 떼고 계속 검은색 상복만 입고 두문불출하였던 것이 계기가 되었다. 처음에는 영국 국민이 남편을 잃은 여왕을 동정하였지만, 애도 기간이 20년을 지속하자 빅토리아 여왕에 대해 참을성을 잃게 되었고 후에 여왕이 국정에 다시 복귀하였지만, 이때부터 사실상 의회 수상이 모든 국정과 정치를 도맡아 하게 되어 왕은 군림은 하지만 국정에는 관여하지 않는 상징적 입헌군주제가 시작되었다.

노블레스 오블리주의 국민

로마 제국의 융성 때도 노블레스 오블리주를 언급하였지만, 영국인도 동시대 유럽에서 가장 열심히 노블레스 오블리주를 실천한 국민이었다. '홀에서 춤추는 것과 식탁에서 고기 자르기는 젊은 신사가 익혀야 중요한 덕목이다'라고 당시 영국 에티켓 책에 기술되어 있다. 이렇게 작은 식탁에서부터 시작한 예절은 더 큰 사회적 책무로 이어진다. 신사의 나라 영국이라는 별칭답게 영국에서 상류층 남성에게는 여러 가지 에티켓 의무가 주어진다. 에티켓이라는 것이 결국 남에 대한 배려이기 때문에, 신사는 여성에 대한 배려와 약자에 대한 배려의 의무가 존재하였다.

그 당시 영국 신사들에게 요구되는 에티켓을 보면, 여성과 함께 거리를 걸으며 이야기할 때는, 안전한 인도 쪽으로 여성을 걷게 해서 보호하고, 만약 쇼핑하고 돌아가는 경우 여성이 짐을 들고 있으면 도와주겠다고 자청해야 한다. 비가 내리면 우산을 들어줘야 한다. 또한, 마차를 탈 때도 손을 받쳐줘서 여성이 먼저 안전하게 마차에 탑승하도록 도와줘야 한다. 그뿐만이 아니었다. 해양국가인 영국에서는 해상에서 사고가 났을 때 조난 순서는 지위에 따르지 않았다. 먼저 어린이와 여성이 구조되고 맨 나중에 신사가 구조되었다. 이러한 조난 순서는 강자가 약자에 대한 배려를 바탕으로 했다. 에티켓의 의무는 이처럼 항상 약자를 먼저 배려하는 것이었다.

영국은 귀족과 신사 문화의 나라답게 철저할 만큼 노블레스 오블리주 정신을 구현하려고 했다. 18세기 후반, 프랑스의 귀족계급은 전 인구의 1.5퍼센트였고 인구수로는 약 40만 명 정도 되었다. 반면에 영국의 귀족 수는 시대에 따라 변하기는 했지만 보통 300명 가량 되었다. 영국의 귀족은 전부 상원 의원이기도 했다. 그런데, 영국 귀족은 다른 국가의 귀족들과 다르게 경제적 모범을 보였다. 즉, 세금을 냈다. 특히 전쟁 시에는 더 많은 세금을 냈다. 영국은 재산에 따라 세금을 냈기 때문에 귀족들이 일반 평민들보다 훨씬 많은 세금을 냈다. 하지만, 프랑스는 귀족이 토지의 25퍼센트를 소유하고 있었지만, 세금은 단 한 푼도 내지 않았다. 이것이 영국과 프랑스의 운명을 갈랐다. 한 나라는 세계 최강대국으로 발전하고 다른 한 나라는 피비린내 나는 혁명의 소용돌이 속에 빠져들었다.

영국의 노블레스 오블리주는 범사회적 자선 활동으로 이어졌다.

유럽 대륙 국가들도 어느 정도의 자선 활동이 있었지만, 영국처럼 적극적으로 실천한 나라는 없었다. 19세기 영국에서 중산층 이상 가정은 어떤 형태로든 자선 활동에 참여하였다. 우선 왕실이 먼저 모범을 보였다. 19세기 빅토리아 시대 때 여왕을 필두로 모든 왕실 인원이 다양한 자선 활동을 해야만 했는데 그 당시 알렉산드라 황태자비의 자선 활동은 동시대를 사는 여성들에게 막대한 영향을 미쳤다. 알렉산드라는 매주 런던의 이스트엔드에 있는 병원으로 가서 간호사와 안면을 틀 정도로 수많은 환자를 문병하고 용기를 북돋워 주는 활동을 하였고, 새로운 병원의 건설비용을 모으기 위해 스스로 간호사 유니폼을 입고 병원 직원과 자원봉사단체 사람들과 함께 장미를 판매하였다.

영국 왕실의 자선 활동은 영국 사회에 광범위하게 퍼진 자선에 대한 미덕을 더욱 공고히 하고 장려하기 위해서였다. 자선 활동은 상류층은 물론이고 생활에 여유가 생기기 시작한 중산층에게도 사회적인 의무가 되었다. 중산층 여주인들은 이웃에 환자가 있는 가난한 가정에 문병을 하러 가고, 위생 관리와 식사 관리를 돕거나, 교회의 행사에 참여하거나 기부를 하는 등이 전형적인 자선 활동에 참여하였다. 그 외에도 다양한 방식으로 일상생활에서 자선 활동에 참여하였는데, 가령, 추운 겨울에 인근의 가난한 아이들을 위해 완두콩이 들어간 수프를 만들어 나눠주고 가난한 가정집에 방문하여 만들어온 음식을 주기도 하였다. 자선 활동을 통해 빈곤한 가정을 방문하는 중산층 여성으로부터 요리, 청소, 가계, 의료 등을 배울 소중한 기회였다.

영국 번영기의 자선 문화를 이해할 수 있는 것으로 '자선 티' 행사가 지역 사회에서 자주 열렸다. 간단한 음식을 제공하는 '티'는 지역 커뮤니티 안에서도 기획하기 쉬웠기 때문이다. 홍차 사업으로 거부가 된 립톤Lipton사의 토마스 립톤은 가난한 노동자 출신이었는데 자선 티에 필요한 막대한 자금을 기부하였고 후에 그의 자선 활동으로 인하여 영국 왕실로부터 훈장을 받게 되었다.

우리에게 너무나 유명한 찰스 디킨스의 '크리스마스 캐럴'도 당시 사회상을 반영한 소설이다. 이 소설은 1843년에 출판되었는데 당시 산업혁명과 함께 희미해지는 크리스마스 전통을 되살리고 어려운 이웃을 돌보는 자선을 독려하는 의미가 담겨 있다. 디킨스의 소설뿐만 아니라 박애 정신을 담은 오스카 와일드의 '행복한 왕자'가 출간되어 빅토리아 시대 영국 국민의 마음을 울렸고, 크리스마스의 자선 활동이 더 왕성해지는 계기가 되기도 하였다.

왜 이토록 영국인들이 자선 활동에 적극적이었겠느냐고 생각하면 아마도 종교적 영향이 컸으리라 여겨진다. 비슷한 기독교권 유럽 대륙 국가들도 어느 정도 자선 활동이 있었지만 유독 영국에서 자선 활동이 매우 활발하게 일어났으며 중산층 이상의 사람들에게는 거의 사회적으로 암묵적인 의무처럼 되어 있었다. 빅토리아 시대 왕실은 물론이고 중산층 이상의 거의 모든 영국 사람들은 여러 자선 행사에 참석하였고 남성들은 교회나 직장의 각종 단체에서 진행하는 자선 행사에 기금을 내는 것이 관례였다.

영국인들의 이런 왕성한 자선 활동은 사회 정책에도 적지 않은 영향을 줬다. 의료보험 제도가 독일에서 비스마르크 제상 때 제일 먼저 만들어졌지만, 오히려 제일 부유한 나라였던 영국에서는 생기지 않았던 것도 영국 국민의 활발한 자선 활동과 관련이 있다. 자선 활동이 활발하여서 빈곤층을 위한 사회적인 보험을 만들려는 필요가 적었기 때문이다.

칼 마르크스가 영국의 빈부 차이를 목격하면서 자본주의는 필연적으로 몰락하고 공산 혁명이 발생할 것이라고 예견했지만 정작 영국에서는 공산주의 운동이 자라지 못했고 오히려 러시아에서 공산주의 혁명이 일어난 것도 사회적인 자선 활동의 차이가 큰 영향을 미쳤기 때문이었으리라. 러시아는 그다지 자선 활동이 사회적으로 활발하질 않았으며 러시아뿐만 아니라 공산주의자들이 정권을 잡은 나라들은 한결같이 사회적 자선 활동이 매우 저조한 나라들이었다.

과거 잘못을 깨우침, 노예제 폐지의 선봉장

강대국으로 올라선 나라들은 한결같이 자신들만의 도덕적 멋이 있다. 영국인들은 자신들의 지난 잘못을 과감히 반성하고 잘못을 바로잡기 위해 엄청난 값을 치르는 것을 주저하지 않았다. 영국인들이 과거 행했던 노예무역에 대한 변화이다. 영국인들은 해군을 동원하여 그들 역사에서 가장 도덕적 오점이라 할 수 있는 노예무역을 폐지했다.

영국이 처음부터 노예무역의 시작에 관여했던 것은 아니다. 영국은 스페인보다는 늦은 16세기 후반부터 아프리카 노예무역에 관여했는데, 그 후 19세기 초반까지 250년 동안 300만 명 이상의 아프리카인들이 영국 배에 실려 신대륙 노예로 팔려나갔다. 그러던 영국이 1807년에 노예무역을 금지하고 다른 나라들도 그렇게 하도록 압력을 가하였으니 심히 놀라운 변화였다.

사실, 노예무역의 가장 큰 원인은 유럽인들이 점점 대중적으로 설탕과 커피와 같은 기호품을 많이 찾게 되었기 때문이었다. 설탕은 처음에는 귀족들의 고급 사치품이었지만 서민과 노동자들도 점차 이용하면서 일상 소비재가 되었다. 설탕은 대부분 서인도 제도(카리브해 섬들)에서 노예 노동으로 생산되고 있었는데 이 지역은 영국과 스페인의 식민지였다. 사탕수수 플랜테이션에서는 아프리카 노예들을 지속해서 새로 공급받아야 했고 그것이 노예무역의 확대로 이어지게 되었는데 이런 노예들은 대부분 아프리카 내에서 부족 간 전쟁을 통해서 이긴 부족이 진 부족을 유럽 상인들에게 돈을 받고 팔아넘기는 구조로 공급되었고, 17~19세기 동안 1,000만 명의 아프리카인들이 노예로 팔려나갔다. 그런데, 상당한 경제적 이익을 가져다주는 노예무역을 영국이 앞장서서 자발적으로 폐지했다는 점이 매우 놀랍다. 사람은 자신의 잘못을 뉘우치기가 쉽지 않다. 사람의 심성이 원래 그렇기 때문이다. 하물며 그것이 국가 공동체일 경우에는 더더욱 그러하다. 영국인들에게 도대체 무슨 일이 있었길래 과거 자신들이 행했던 노예무역에 대해서 철저히 반성하고 이를 바로 잡으려고 했을까?

그 당시 영국 국민의 집단적 자각과 심성의 변화가 주원인이었다. 18세기 중엽부터 영국을 휩쓴 복음주의의 영향을 받아 인간의 권리와 자유에 대한 도덕적 각성이 여론을 자극했다. 복음주의는 존 웨슬리에 의해 성경 말씀을 삶에서 구현하려는 신앙 운동인데 인류 전체를 형제로 보는 박애주의가 결합하여, 당시 영국 국민에게 상당한 영향을 끼치고 있었다.

이처럼 국가적으로 막대한 경제적 이익을 가져다주는 것을 도덕적 신념만으로 포기할 수 있었을까? 놀랍게도 그 당시 영국 국민의 선택이 그랬다. 때마침 1781년 노예무역선 종Zong호 사건이 발생하여 영국 국민의 반노예 무역 여론에 기름을 부었다. 종호는 과도하게 많은 노예를 싣고 리버풀을 떠나 자메이카로 향하다가 보급 부족 문제점으로 선장이 133명의 노예를 바다에 던져 익사시켜버렸다. 이것이 결정적으로 반노예 무역 운동을 자극한 계기가 되었다.

영국인들은 노예무역을 금지할 뿐만 아니라 더 나아가 노예제도 자체를 금지하였다. 1833년 노예제도 금지법의 발효로 노예 소유주에 대해서 2,000파운드의 보상을 제공했다. 노예를 해방하는 대가로 소유주에게 영국 정부가 금전적 보상을 한 것이다. 당시 지출한 보상금은 재무부 연간 소득의 40퍼센트에 해당하는 금액이었다. 과도한 액수였지만 이보다 더 놀라운 것은 보상금의 절반은 카리브해와 아프리카 노예들의 해외 소유주에게 돌아갔다는 점이다. 어떻게 엄청난 돈을 지출하는데 영국의 납세자들이 불평하지 않았을까. 더구나 자그마치 50퍼센트의 돈이 영국의 거주민이 아니고 해외의 노예 소유주들에게 배상이 되는 것인데 말이다. 경제적 부담을 떠나서 그 당시 영국 국민의 높은 도덕성이 없으면 불가능했다. 사람의 자유를 박탈해서 노예로 삼는 것은 인간의 폐부를 찌를 만큼 부도덕하므로 어떠한 경제적 대가를 치르더라도 노예를 해방해야 된다는 것이 그 당시 영국 국민의 인식이었으니 그 당시 어떤 나라와도 비교할 수 없는 도덕의식을 영국 국민이 가지고 있었던 것이다.

그 당시 투표권은 재산 보유액이 중간 이상인 남성에게만 있었는데 이들의 생각이 노예제도를 참을 수 없는 제도로 봤다는 점이 특이하다. 즉, 투표권이 있는 국민의 도덕성이 국가의 의사결정에 지대한 영향을 미쳤다.

노예제도 폐지라고 하면 사람들은 흔히 미국의 링컨 대통령을 떠올리고 미국이 노예제도를 폐지한 최초의 국가라고 생각하지만, 실제로는 그보다도 30년 앞서 영국이 노예제도를 폐지한 것이다. 이런 점에서 미국 링컨 대통령은 당시 영국 사회의 분위기를 잘 활용하였는데, 남북전쟁 발발 후, 남부가 영국에 면화의 안정적 공급을 매개로 국가 승인을 설득했을 때 영국 정부는 남부에 상당히 우호적이었으며 실제로 남부를 거의 승인하기에 이르렀다. 그런데, 1862년 앤티텀 전투 후에 링컨이 전쟁의 목표로 노예해방을 선언하면서 영국이 남부를 승인하기 어려워졌다. 링컨이 전쟁 도중에 노예해방 선언을 한 것은 바로 영국의 반노예제 국민 여론이 있는 것을 알고 이를 적절히 활용한 외교술이었다.

인류를 위한 혁명, 산업혁명

18세기 후반 증기 동력을 갖춘 영국의 방직 공장에서는 하루 20톤의 면직이 뿜어져 나왔고 같은 시간 프랑스 수공업 공장에서는 300킬로그램의 면직을 겨우 생산했다. 영국과 프랑스의 엄청난 생산력 차이를 보여주는 것이 바로 영국에서 최초로 시작된 산업혁명이다.

영국은 1624년 세계 최초로 성문법으로 전매조례를 만들어 특허권을 보장했다. 영국에서는 많은 기술적 혁신이 일어나도록 기술 발전을 지식재산권으로 보호하고 독점권리를 주어 지속적 혁신이 일어나도록 국가적으로 장려를 하였다. 프랑스는 그보다 160년 후에 특허법이 만들어졌으며 독일은 250년 후에나 만들어졌다. 특허 제도 도입 이후 영국은 곧 발명가들의 산실이 되었다. 1705년 토머스 뉴커먼이 기계 작동을 위해 끓는 물을 이용한 증기기관을 발명하였고, 제임스 하그리브스James Hargreaves는 사랑하는 아내 제니를 위해 제니 방적기를 발명하여 천을 만드는데 필요한 시간과 작업을 대폭 감소시켰다. 초기에는 8개의 실패를 사용했으나 나중에는 120개의 실패로 한꺼번에 작업할 수 있게 발전되었다.

대량 생산된 모직물과 면직물을 유럽과 세계 각지로 운반하는 데 공로를 세운 것은 제임스 와트가 1775년 최초 만들어낸 증기 엔진이었는데 별도의 응축기를 추가하여 증기 엔진의 효율을 올리고 잠재적 열 손실을 개선하였다. 기관차를 만들고 선박을 만드는데 무엇보다도 중요한 철강은 1856년 헨리 베서머의 새로운 제련 공정의 발명으로 생산성이 급증하였다. 이는 현재도 사용하는 방법으로 제련 시 석탄을 사용하여 산화환원반응을 일으킴으로써 철에서 불순물을 제거하고 고품질의 강철을 내량으로 생산할 수 있게 되었다. 시멘트도 이 시기에 발명되어 콘크리트로 대규모 토목 공사를 할 수 있게 되었다.

왜 산업혁명이 유럽의 변방 섬나라 영국에서 일어났을까?

일부 학자들은 영국의 풍부한 석탄, 도시의 풍부한 인력, 풍부한 시장 등이라고 이유를 대지만 이런 이유는 그럴듯해도 어딘가 의구심을 자아내게 한다. 석탄은 오히려 독일이나 중국에 더 많이 매장되어 있고 풍부한 인력 또한 중국이나 인도가 더 많기 때문이다. 마찬가지로 시장도 중국이나 인도, 아니면 풍부한 해외 식민지를 둔 스페인이 더 유리했기 때문이다. 따라서, 산업혁명이 영국에서 제일 먼저 일어난 것은 이런 설득력이 떨어지는 물질적 요소가 아니라 영국인들의 정신적 요소에서 찾아야 한다. 영국인들은 자유를 목숨처럼 여겼다. 정치 제도와 사회제도도 개인의 자유를 억압하는 것을 허용하지 않았다.

자유의 증진은 개인의 창의를 불러일으키고 혁신이 일어나는 것

영국에서 처음 일어난 산업 혁명은 유럽 각국에 전파되어 근대의 시민 생활에 큰 변화를 가져 왔다.

을 가능하게 하였다. 반면, 중국, 인도, 스페인 같은 나라들은 영국만큼 자유를 지키려고 하지 않았다. 이들 국가는 정치가 권력자의 입맛에 맞게 국민의 자유를 억압하는 정치 제도였다. 이런 국가에서는 혁신이 좀처럼 일어나지 않는다. 산업혁명이라는 인류의 가장 위대한 혁신이 영국이라는 자유가 보장된 나라에서 시작된 것은 마치 포도가 가득한 농장에서 와인이 만들어지는 것과 마찬가지였다.

250년 전 작은 섬나라 영국에서 시작된 근대적 경제 혁명은 인류의 빈곤을 해결하고 지금까지 경험하지 못한 엄청난 물질적 풍요를 제공하였다. 1500년에 인류가 생산한 총 재화와 용역은 오늘날의 가치로 약 2,500억 달러였지만, 현재 연간 총생산량은 60조 달러로 인구는 14배로 늘었는데 생산량은 240배가 된 것이다. 이 비율은 매우 중요한 의미가 있는데 인구가 14배로 증가하면 생산량도 14배가 증가하는 것이 당연하지만 그보다 훨씬 많은 240배가 증가했다는 것은 생산의 혁신이 있었다는 것을 의미하기 때문이다. 바로 그런 혁신이 가능하게 한 것이 산업혁명이다.

영국은 유럽대륙과는 달리 혁명이 없는 나라다. 하지만, 유혈 혁명이 없었을 뿐 진정한 혁명으로 세계 정치사를 바꿨고 경제사를 바꿨다. 이것이야말로 진정 위대한 혁명이지 않겠는가! 하지만, 빛이 있는 곳에 어두움이 있었다. 인류가 과거에 경험해 보지 못한 산업혁명 시기에 자본가도 노동자도 과연 노동을 어떤 환경에서 어떤 방식으로 해야 하는지를 몰랐다. 이 시기에는 생산량을 높이기 위해 노동을 하루에 14시간 하는 경우도 당연시되었고, 작업환경도 매우 나빠서 먼지가 눈송이처럼 풀풀 날리는 방적 공장에는 환기시설도 제대로 갖추어져 있지 않았다. 심지어 방적 공장에서는 좁은 작업 공간에서 작업이 유리한 아동들을 고용하는 것도 허다했다. 이렇게 새로 발생하는 문제들에 대해서 영국 의회는 법률적 규제를 만들어 근로자들을 보호하고자 했다.

우선 1833년 공장법을 만들어서 대영제국 내에 아동의 노동을 제한했다. 견습생 건강과 도덕법을 만들어서 공장 건물에 충분한 창문과 환풍구를 설치하고 하루에 두 번씩 벽과 바닥 청소를 하도록 했다. 영국 사회와 정치권은 이처럼 처음 접해보는 새로운 환경에서 발생하는 문제들을 합리주의 정신으로 풀어나갔다.

이 시기에 좌파적 학자들 사이에서는 노동자들의 삶이 무한히 비참하다고 규정하고 자본주의는 필연적으로 멸망할 것이라고 예견하고 사회주의 사상과 유물론 사상을 주장하였는데 프리드리히 엥겔스와 마르크스 같은 학자들은 인류의 역사를 갈등론적 관점에서 본 공산주의를 해결책으로 제시하였다. 이 두 학자는 모두 독일 태생이지만 영국에서 활동하였다. 그러나, 영국 국민은 자본주의가 비록 모순점을 가지고 있다고 하더라도 인간의 자유와 창의성은 지켜져야 한다고 믿었다. 공산주의는 오히려 자본주의가 가장 발달하지 못한 러시아에서 최초로 채택되었다. 자본주의의 발달은 필연적으로 공산주의로 전환된다는 마르크스의 주장과는 다르게 오히려 도덕성이 가장 취약하고 자유와 창의성에 대한 신념이 부족한 국가에서 공산주의가 채택되었다는 점은 우리에게 시사하는 바가 크다.

자본주의와 도덕성

영국은 산업혁명만 일으킨 것이 아니라 동시에 자본주의를 발전시키고 19세기 전 세계에 퍼뜨렸다. 물론 현대 자본주의 국가에서 시행하고 있는 것과는 약간 다른 면이 있긴 한데, 자본주의가 200년 동안의 역사를 거치면서 상황에 맞게 적응된 결과라 할 수 있다. 자본주의의 최대 약점 가운데 하나는 호경기와 불경기를 오가는 다스리기 힘든 경기 순환이라는 사실인데 그 약점을 보완하기 위해 20세기 들어 국가 개입이 요구되었다. 그런데, 어느 정도의 국가 개입이 효율적이고 바람직한가는 여전히 숙제로 남아 있다.

자본주의는 또 다른 약점인 부의 불평등한 분배 역시 존재한다. 2차 세계대전 후 설립된 복지 국가가 부의 불평등을 조금 완화하는 역할을 했지만, 이 문제가 아직 해결되지 않았고 어쩌면 영원히 해결되지 않을지도 모른다. 그러나, 자본주의의 강점도 명백히 존재한다. 자본주의는 끊임없는 혁신이 일어나게 하고 새로운 부를 창출하는 탁월한 능력을 갖추고 있다. 자본주의는 우리에게 이런 질문을 던진다. 부를 창출하는 탁월한 시스템인 자본주의를 어떻게 부작용이 없이 운영해야 하는 것인가?

자본주의를 발달시킨 영국과 현재 가장 모범적으로 자본주의를 운영하는 미국을 살펴보면 정답은 의외로 간단하다. 바로 도덕성이다. 혁신을 일으키는 자본주의라는 도구를 사용할 때는 도덕성이 함께 요구된다. 혁신과 도덕성은 어쩌면 양쪽 수레바퀴 같아서 한쪽이 빠져버리면 수레가 덜컹 되다가 제대로 움직이지 못하게 된다.

도덕성이 뒷받침되지 않는 자본주의는 여러 가지 문제점에 금방 노출이 되어 탐욕과 부의 불평등이 심화해 더는 자본주의를 시행할 수 없을 정도에 이르게 된다. 흔히 이 지경까지 다다르면 평등을 주장하는 정치 세력이 사람들에게 지지를 받고 힘을 얻게 되는데 기존의 사회질서를 부정하고 정형화된 평등을 주장하는 좌파적 사상이 지배하게 된다. 이렇게 좌파적 사상이 국가를 지배하게 되면 자유와 혁신은 사라지고 그 나라는 밤같이 어두운 침체의 늪에 빠지게 되며 결국 모두 가난해지게 된다. 한결같이 이런 나라들에서는 정치인들이 마치 심판자인 모양 강한 권력을 가지게 되고 국민 위에 군림한다. 중남미 국가 중에는 20세기 중반까지 한때 세계 5위의 경제력을 가진 나라도 있었으나 부정부패와 극심한 빈부 격차 때문에 더는 자본주의를 하지 못하고 좌파적 정치로 바뀐 것에는 국민의 도덕성이 자본주의를 유지할 만큼 좋지 못했기 때문이라 볼 수 있다. 이것이 미국과 중남미 국가의 차이이다. 지금도 중남미 국가에서 목숨을 걸고 매년 수 만 명의 불법 이민자들이 미국으로 건너가고 있다. 도덕성이 부족하고 혁신이 사라진 나라에서는 희망이 없기 때문이다.

자유무역에 대한 신념

영국이 만든 발명품에는 산업혁명과 자본주의만 있는 것이 아니다. 자유무역도 영국이 만들고 전 세계에 전파한 발명품이다. 영국인들이 원한 세상은 모든 물자가 전 세계에 자유롭게 이동하는 자유무역의 세계였다. 그들은 자유무역이 영국만이 아니라 인류 모두에게 혜택을 가져다준다고 믿었고 그 원칙을 전 세계에 퍼뜨렸다. 19세기 초에 데이비드 리카도David Ricardo는 국제 무역 시장에 관한 '비교우위 이론'을 주장했는데, 한 나라가 다른 나라에 비해 특정 산업에서 절대 우위를 가지고 있다고 하더라도 무역을 통해서

두 나라 모두 이익을 취할 수 있다는 이론이다. 서로에게 없는 것을 무역으로 교환하기 때문에 두 나라 모두 이익을 얻을 것이므로 보호주의를 반대하고 자유주의를 옹호했다. 리카도의 비교 우위론을 이해하기 위해 영국과 포르투갈을 예로 들어보자. 영국은 포르투갈보다 모직물과 포도주, 두 물품 모두에서 우위를 누리고 있지만, 포도주보다는 모직물을 더 효율적으로 생산할 수 있다고 가정해 보자. 한편 포르투갈은 두 제품 모두에서 영국보다 뒤떨어지지만, 모직물보다 포도주를 조금 더 효율적으로 만들 수 있다. 그럴 때 영국은 비교우위를 가진 모직물에 집중하고 포르투갈은 포도주에 집중하여 두 나라가 서로 교역을 하면 모두에게 이롭다는 것이다. 즉 각자가 자신이 가장 잘할 수 있는 일에 집중하면서 교역을 하면 모두에게 이로운 결과를 낳게 된다는 것이다. 굉장히 멋진 이론이 아닌가.

그 당시 영국 사회에서 자유무역은 물질적 이익보다 훨씬 더 중요한 무언가를 위한 것이었다. 가장 선두에서 자유무역주의를 주창한 코브든Richard Cobden은 "나는 자유무역의 원칙이 사람들을 하나로 협력하도록 만들 것으로 생각합니다. 그것은 인종, 신념, 언어 사이의 반목을 물리치고 우리를 영원한 평화의 유대 속에 결속시킬 것이라고 확신합니다."라고 주장하며 자유무역을 단순히 무역을 위한 것이 아닌 훨씬 더 위대한 인류의 숭고함으로 인식했다는 점인데, 강대국으로 가는 길목에는 이런 정신적 여유와 탁월함도 있었던 것이다.

자유주의 경제 정책은 특히 1820년대 로버트 필이 이끈 토리당 내각에서 시도되었는데 무역에 대한 제한을 없애고 보호 관세의 범위를 줄였다. 전통적으로 농업 지주층을 대변하는 보수적인 토리당이 자신들의 이익에 상충할 수 있는 자유무역 정책을 추진한 것은 그 당시 영국에는 자유무역이 영국만을 위한 것이 아니고 전 인류에 이로운 것이라고 믿는 사람들이 다수 국민이었기 때문에 가능했다. 곧이어 1849년 영국 정부는 200년 가까이 유지되어오던 보호무역의 상징인 항해법을 폐지함으로써 완전한 자유무역 체제로 전환하였는데, 항해법은 영국 선박만이 영국 식민지 물품을 운송할 수 있도록 한 것으로 17세기 중반 크롬웰에 의해 제정된 대표적 보호무역 법안이었다. 영국이 자국의 이익을 스스로 포기하는 데 놀란 사회주의자 칼 마르크스Karl Marx는 이것이 어떤 거대한 음모임이 분명하다고 주장하기도 했다. 마르크스는 이를 음모라고 했지만, 음모가 아니고 그냥 영국 사회가 이를 진리로 받아드린 것이다. 그러지 않고서는 영국에게 해가 되는 항해법을 폐지할 수는 없는 것이다. 강대국은 이처럼 어떤 원칙이 자신의 편의적 이익에 부합하지 않더라도 그 원칙이 옳다고 믿으면 추진할 수 있는 결단력이 있어야 한다.

중요한 점은 영국이 만들어낸 자유무역 체제가 폐쇄적이 아니었다는 사실이다. 항해법 폐지와 더불어 영국은 모든 국가에 대영제국과의 교역을 개방했고 식민지에서도 자유무역을 실천하고 식민지로부터 수입한 원료와 식량에 경쟁 가격을 지급했다. 원칙상 식민지들은 통합된 세계 경제의 일부이고 영국에게 특별한 이득을 가져다주지 않게 된 것이다. 이렇게 영국이 식민지를 포함한 모든 지역을 자유무역 체제로 끌어들여 식민지가 영국에게 특별한 이익을 가져다주지 않았다면, 왜 식민지들을 보유하고 제국을 운영하는 일이 필요했으며 전쟁의 비용을 감당해야 했는가라는 질문이 제기될 수 있을 것이다. 그 답은 영국이 확립한 세계 체제의 구상에서 일어난 변화였다.

19세기 말까지 영국은 '가능하면 비공식적 방법으로, 필요하면 공식적 협정으로' 장악력을 유지하겠다는 정책을 추구하여 공식 제국 없이 세계 경제를 경영하고자 했고 만일 그것이 가능했다면 그리했을 것이다. 그러나 19세기 말부터 여러 유럽 열강들이 각축전을 벌이던 세계에서는 그것이 불가능했고 영국은 공식적인 제국의 확장으로 나아가는 길을 택했다. 이 책 후반에 다루게 되지만 이것이 곧이어 대영제국의 몰락을 가져오게 되었다.

신중한 종교 정책

이쯤에서 유럽의 종교전쟁과 이에 대비한 영국의 신중한 종교 정책에 관해서 이야기하고 싶다. 이는 기저에서 영국의 발전을 이끈 결코 작지 않은 주제이기 때문이다. 유럽대륙은 16세기부터 17세기까지 근 130년 동안 극심한 종교전쟁을 치렀는데, 특히 독일에서는 1618년에서 1648년까지 30년 전쟁으로 약탈과 파괴와 살육이 심각하여 농촌이 황폐해지고 인구의 50퍼센트까지 줄어든 농촌 지역도 있었다. 30년 전쟁은 종교와 정치의 원인이 복잡하게 얽힌 전쟁이기도 했지만, 당시 신성로마제국이었던 독일은 이 전쟁으로 인하여 다른 유럽 나라보다 발전이 늦어지게 되었다.

프랑스에서는 1562년부터 위그노와 가톨릭교도 간에 37년 동안 종교전쟁이 발생하여 엄청난 피해를 당하였다. 위그노는 개신교 칼뱅파 신도를 프랑스식으로 부르는 명칭이었는데 앙리 4세가 위그노들의 종교적 자유를 부여한 낭트칙령을 발표함으로써 37년 전쟁은 끝났고 평화가 찾아왔다. 하지만, 이는 잠시뿐이었다. 곧이어 '짐이 곧 국가다'라는 절대왕정을 꿈꾼 루이 14세가 낭트칙령을 폐지하고 끔찍할 정도로 개신교도들을 박해하였는데 기갑 군대의 일종인 용기병들을 동원하여 각 개신교도 집마다 찾아다니며 만행을 저질렀다.

이 당시 프랑스 인구의 10분의 1이 위그노 교도들이었는데 엄청난 박해로 말미암아 프랑스의 위그노들은 외국으로 이민을 떠나야 했고, 이들은 주로 영국, 북아메리카, 네덜란드, 프로이센 등으로 이주를 하였다. 이때 많은 과학자, 기술자, 상공업자들이 해외로 이주한 것이 프랑스 발전에 두고두고 악영향을 끼치게 되었다. 당시 프랑스의 첨단산업이었던 시계산업은 거의 개신교도들이 주도했던 산업이었다. 그들이 대규모로 스위스로 이주하자 프랑스 시계산업은 거의 소멸하였으며, 스위스 시계산업은 이때부터 생겨났다. 오늘날 스위스 시계산업의 중심지가 제네바, 뇌샤텔 등 스위스 서부의 프랑스어권 지역인 것도 이런 역사적 사건과 관련이 있다.

영국은 유럽대륙과는 달리 매우 신중한 종교 정책을 취했다. 영국 국민의 대부분이 이미 종교개혁을 원했고 개신교인 성공회가 의회에 의해 국교로 채택되었으니 여기에 대체로 인정하고 분란을 끼치는 것을 꺼렸다. 아무것도 아닌 것 같지만 이는 영국의 발전에 심히 지대한 영향을 미쳤으니 우선 불필요한 종교전쟁으로 수 많은 사람이 죽게 되는 것을 방지했고, 또한 그 당시 상업과 기술 혁신에 앞장섰던 개신교도들이 영국을 떠나지 않고 활동하여 영국의 경제적 부유함을 만들어 갔기 때문이다.

대표적으로 엘리자베스 1세는 성공회 신자였지만 공개적으로 종교적 성향을 보이지 않으려고 애썼다. 그녀는 '보지만 말하지는 않는다'라는 모토를 지키며 온건한 종교 정책을 폈으며 매튜 파커 Matthew Parker를 캔터베리 대주교에 임명하여 예배의식과 성직 의복, 성직 계급 등에 대해서 영국 국민이 친근해하는 방식을 따랐고 급격한 변화를 주지 않았다. 그러나, 엘리자베스 1세는 중도 성향의 종교 정책을 취했기 때문에 그 당시로 봤을 때는 너무나 자치적이고 민주적인 성향을 가지고 있는 칼뱅주의자들과는 갈등이 있었는데, 엘리자베스 1세는 질서 있는 국가를 위해서 교회는 왕권에 의해 통제되어야 한다고 믿었기 때문이다. 그리하여 엘리자베스 1세는 영국 내 칼뱅주의의 대표적 인물인 존 녹스John Know를 런던에서 추방했다. 그는 스코틀랜드로 가서 칼뱅파 종교개혁을 시작했는데 이것이 스코틀랜드에 장로교 신자들이 많은 이유이기도 하다. 이들은 종교의 자유를 찾아서 1620년 메이플라워호를

타고 북아메리카 대륙으로 이주하여 미국을 건국하는 '파운딩 파더'가 되었다.

종교 이야기가 나온 김에 좀 더 이야기하고자 한다. 사실, 영국의 문화는 개신교와 밀접한 관련이 있기 때문이다. 영국의 종교 개혁자 존 위클리프John Wycliffe의 종교개혁은 마틴 루터에 의한 종교개혁보다 무려 130년이나 앞섰고 그 후에 롤러드 운동으로 이어졌다. 이 운동은 성경을 유일한 교리의 근원으로 인정하고 고위 성직자들의 타락과 사치에 대해서 청교도적인 비판을 가했으며, 하급 성직자와 젠트리gentry, 상인과 장인 그리고 대학생들에게 퍼져 나갔다. 헨리 8세가 이혼문제로 로마 가톨릭에서 탈퇴하고 개신교로 국교를 바꿀 수 있는 사회적 환경이 이미 이때부터 싹트고 있었던 것이다. 중요한 종교문제가 단순히 국왕 한 명의 결정으로 바꿀 수 있는 것이 아니었고 이미 영국내에서 150년 전부터 종교개혁 운동이 활발히 이루어졌기 때문에 가능했던 것이다.

영어로 번역된 성경 보급도 큰 영향을 미쳤다. 그 당시 가톨릭에서는 라틴어로 된 성경을 읽었으며, 그마저도 성직자 외에는 성경을 읽을 수가 없었다. 하지만 15세기 구텐베르크에 의한 인쇄술의 발전으로 성경을 영어로 번역하고 대량으로 인쇄하여 보급하게 되면서 영국인들은 성경을 읽을 수 있었다. 성경에 기반한 종교적 고양은 영국인들의 도덕성을 놀랍도록 향상하는데 이바지하였다.

1603년 제임스 1세는 영국어 성경이 올바르게 번역되지 않아 오역이 많다는 청교도 지도자 존 레이놀드John Reynold의 건의를 받

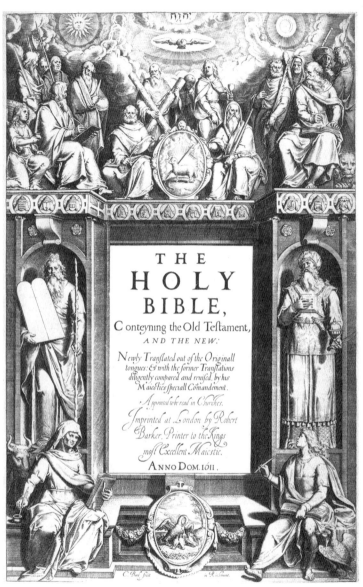

영국 성공회에서 번역한 흠정역 성경의 초판 표지

아들여 54명의 뛰어난 왕실 학자들을 중심으로 히브리어와 그리스어 원전으로부터 영어 성경을 번역하도록 했다. 이는 킹 제임스 버전 또는 흠정역 번역이라고 하며 언어가 정확하면서도 수려하게 번역되어서 오늘날에도 영미는 물론 세계 곳곳에서 사용되고 있다. 우리나라 개역한글 성경도 흠정역을 위주로 번역했으니 그 영향력을 알만하겠다.

셰익스피어의 나라

필자는 미국에서 지냈을 때 영어 때문에 곤욕을 치른 일이 종종 있었다. 유학생 때 책상을 사러 중고 가구점에 갔는데 점원이 내 발음을 잘 알아듣지 못해 난처했던 적이 있다. 미국인들을 외국인들이 영어를 못 하는 것을 잘 이해하지 못한다. 하지만, 영국에서는 다르다. 출장을 간 적이 있는데 영국에서는 외국인이 영어를 못 해도 이해해 준다. 원래부터가 자신들의 언어이니 외국인이 영어를 못 하는 것은 당연하다고 보는 것 같다. 그래서, 영어를 좀 못해도 열심히 들어주려고 한다. 반면, 미국인들은 영어를 못 하면 얼굴부터 찡그린다. 영어가 본래 미국인의 언어가 아니라 영국인의 언어라는 점을 이런 식으로 간접적으로 확인하게 된다.

우리나라에서는 유치원 때부터 영어를 가르치는 곳이 흔하고 영어를 배우고 익히기 위해서 많은 시간을 투자한다. 정도의 차이는 있지만, 이는 한국만 그런 것이 아니고 대부분 무역이 경제의 중요한 부분을 차지하는 대부분의 나라가 그렇다. 그런데, 영어가 사실 처음부터 귀한 대접을 받은 것이 아니라 영국에서조차 천대를 받아서 14세기 중엽까지 영국에서 라틴어는 고위 성직자들의 언어였고 프랑스어는 상류 귀족들의 궁정 언어였으며 영어는 그냥 농민과 평민들의 언어였다. 그런데, 백년전쟁을 거치면서 프랑스 문물에 대한 반감이 생겨나서 왕실에서 프랑스어를 버리고 영어를 사용하기 시작하여 헨리 4세가 1399년 대관식을 영어로 거행하였고, 1363년에 최초로 의회에서 영어를 사용하였다.

영어의 발전에는 14세기 후반 영국의 다양한 모습과 인간의 희비극적 요소를 영어로 저술한 제프리 초서Geoffrey Chaucer의 "캔터베리 이야기"와 같은 문학작품도 기여를 했다. 그러나, 뭐니 뭐니 해도 영어에 지대한 영향을 끼친 인물은 역시 대문호 셰익스피어다. 역사가인 토머스 칼라일Thomas Carlyle은 『영웅 숭배론(1881)』에서 "인도는 언젠가 잃게 될 것이나 셰익스피어는 영원할 것이다."라고 평가할 정도였다.

셰익스피어가 나왔으니 영국 문학에 대해서 좀 더 이야기하도록 하자. 문학에는 흔히 국민의 성향과 사회 주류의 가치관을 엿볼 수 있다. 영국 문학을 읽어보면 영국인은 상당히 보수적, 도덕적, 상식적인 것을 추구하는 면이 있다는 것을 알아챌 수 있다. 영국 문학은 도덕적인 감각이 강해서 현재의 사회를 유지하는 경향이 강하게 나타난다. 그렇게 되면 문학작품이 좀 재미없지 않을까? 영국인들은 그런 점을 창조적인 열정과 상상력으로 뛰어넘으려고 했다. 셰

세익스피어와 가족들

익스피어의 작품에서 보이는 창의성과 유머는 영국 문학의 정수를 보여준다. 햄릿, 맥배드, 로미오와 줄리엣, 베니스의 상인 등을 읽으면서 재미없다는 사람은 아무도 없으니 말이다.

문학뿐만 아니라 실제로 영국인들은 당시 유럽인들과 달랐고 심지어 현재의 영국인들과도 달랐다고 할 수 있는데, 가령 19세기 빅토리아 시대 영국 최고 상류층의 자녀인 영애들은 18세가 되면 사교계 데뷔의 증표로 국왕을 알현할 기회가 생기는데, 엄격한 기준이 요구되어 불륜, 이혼, 혼전 동거 등 추문이 있으면 경원시 되었다고 한다. 반면에 유럽대륙 국가, 특히 프랑스 상류층은 스캔들이 많고 문란했는데, 비근한 예로 루이 11세는 자신의 왕비가 매우 정숙하다는 점을 자랑하며, "그녀는 현명하고 정숙하지만, 프랑스 여인이라기보다는 부르고뉴 여인이지."라고 말을 했을 정도였다. 가깝지만 먼 나라 프랑스와 영국의 문화 차이일까?

아편전쟁, 이겼지만 진 전쟁

영국이 세계 최강대국으로 나아가는 시기, 영국에 도덕적 결함을 안기는 상성적 사건이 있으니 바로 아편전쟁이다. 영국이 처음부터 전쟁을 원했던 것은 아니었지만 상황이 그렇게 흘러갔다.

중국의 최대 수출품은 차茶였고, 영국의 주요 수출품은 모직물과 면직물이었는데 영국 사람들은 중국으로부터 막대한 양의 차를 수입했지만, 중국인들은 영국의 모직과 면직을 별로 필요로 하지 않았다. 이 당시 영국 가구당 평균 지출액의 5퍼센트가 중국산 찻값으로 나갔다니 무역적자가 얼마나 크게 발생했는지는 미루어 짐작이 가고도 남는다. 중국의 수출 초과 상태가 오랫동안 지속되자 영국은 마침내 차 수입을 결제할 은이 부족할 지경에 이르렀다. 상황이 이 지경이 이르자 무역적자를 해소하기 위해 영국의 동인도회사는 밀무역으로 중국에 아편을 수출하였다. 육체노동을 하던 중국의 하층민들 사이에 아편은 인기를 끌게 되었고, '아편에 중독된 아시아 남자'라는 뜻의 동아병부東亞病夫라는 말이 생겨날 정도였다. 1839년, 아편이 사회 적으로 큰 문제를 일으키자 청나라 황제 도광제는 임칙서林則徐를 광저우에 파견하여 아편을 몰수해 불태우고 영국의 아편 상인들을 홍콩으로 내쫓았다. 이 일을 계기로 영국과 청나라 사이에 전쟁의 긴장이 감돌기 시작했다.

영국과 청나라 간의 무역 불균형으로 말미암아 시작된 아편전쟁은 상당히 문제가 있는 전쟁이었다. 옛날에는 가정마다 의약품 대용으로 양귀비를 조금씩 재배하고 있었고 아편의 중독성에 대한 규제가 오늘날처럼 있지 않았다고 하지만, 19세기 초반에 이미 영국에서는 아편을 금지했다. 따라서, 19세기 영국인들의 도덕성이 높았다면 도대체 아편전쟁은 무엇이냐고 반문하는 사람들이 있을 것이다. 이 당시 영국인들 사이에서도 격렬한 논쟁이 있었다. 아편 무역을 금지한 중국과 전쟁을 할 것이냐 말 것이냐를 두고 영국 의회에서는 힘겨운 토론이 벌어졌기 때문이다. 영국은 그 당시 무기와 군사력의 압도적인 차이로 전쟁 개전 시 쉽게 이긴다는 것을 예상하였지만, 영국에서도 금지하고 있는 아편 무역을 위해 전쟁을 일으킨다는 것에 대한 도덕적 논란이 불거졌다.

이 당시 의회에서 치열한 찬반 토론이 벌어졌다.

토론자로 나선 글래드스턴 의원이 "그 기원과 원인을 놓고 볼 때 이것만큼 부정한 전쟁, 이것만큼 영국을 불명예로 빠뜨리게 될 전쟁을 나는 이제껏 보지 못했습니다."라고 반대를 하였다. 하지만, 그뿐이었다. 영국 자본가들의 이익과 무역수지를 맞추기 위한 경제적 이유로 의회에서 전쟁 포고가 마침내 승인되었다. 271대 262로

근소한 차이로 말이다. 영국은 청나라를 압도하는 막강한 군사력으로 전쟁에서 이겼지만, 영국의 도덕성에 부정할 수 없는 치명적 오점을 역사에 남긴 전쟁이 되었다.

6장

청나라의 발기

50만 만주족이 1억5천만 한족을 지배:
탁월한 공동체 정신

50만 만주족이
1억5천만 한족을 지배:

탁월한 공동체 정신

변방의 만주족, 산해관을 넘다

만리장성 가까이 말발굽 소리가 힘차게 들려온다. 멀리 만주벌
판에서 달려온 이들은 결심한 듯 드디어 산해관을 넘어 중원을 지
배하고 다스리기 위해 단숨에 북경으로 향했다. 청나라의 군대가
산해관을 넘어 북경으로 향하는 길을 인도한 장수는 바로 명나라의
총병관 오삼계였다. 이자성의 반군을 제압하기 위해 구원을 요청했
으니 북경에 무혈입성하였다. 농민반란의 혼란과 수탈에 허덕이던
명나라의 백성들은 청의 군대를 환영하였다. 조양문^{朝陽門}으로 입성
하자 노인과 어린이는 향을 피우고 무릎을 꿇어 이들을 맞이하며
환영했다.

청나라가 1644년 북경에 입성할 때 만주족의 인구는 대략 50만
이었고, 명나라의 인구는 대략 1억 5,000만 명 정도였다. 어떻게 인

구 50만 명의 만주족이 자신들보다 인구가 300배 많은 한족을 다스렸을까? 그들의 우수한 군사력과 유목민의 뛰어난 기상만으로 설명하기에는 무리가 따른다. 그들의 군사력이 아무리 우수해도 3~5배의 인구를 가진 민족을 지배했다면 납득이 가지만 300배가 넘는 이민족을 다스렸다는 것은 군사력만으로는 설명할 수 없기 때문이다. 따라서, 이것은 한족이 가지지 못한 어떤 특별한 것을 만주족이 가지고 있기 때문이라고 봐야 마땅하다. 그것이 과연 무엇일까?

바로 뛰어난 공동체 정신이다.

만주족의 삶은 수렵과 농사로 소박했지만 같은 동족을 착취하거나 못살게 괴롭히지 않았다. 몇십 명 단위로 뿔뿔이 흩어져 사는 만주족은 니루라는 조직으로 공동 경제생활을 했는데, 수렵도 공동으로 하고 수렵물의 배분도 필요에 따라 불평 없이 했다. 따라서 만주족의 삶은 빈부의 차가 크지 않았다. 일례로 1620년대 중반부터 시작된 몇 년간의 이상 저온으로 동북아에 대기근이 발생하자 명나라에서 백성들이 못 살겠다고 대규모 농민반란을 일으켰지만, 같은 시기 후금에는 이런 국민의 원성과 반란이 없었다.

도덕이란 나와 다른 사람과의 관계성에 대한 것이라고 한다면, 공동체 정신도 도덕성에 범주에 포함된다는 것을 부정할 사람은 없을 것 같다. 만주족은 타의 추종을 불허할 정도로 뛰어난 공동체 정신이 있었다. 만주족은 반농반목을 하는 민족이었다. 수렵할 때도 성인 남자 10명씩 한 조를 이루어서 공동으로 수렵을 했는데 그러지 않고는 효과적으로 수렵을 할 수 없기 때문이다.

여진족은 오랜 시간 동안 부족사회였다. 100~500명 되는 씨족이 같이 모여 사는 사회였고 각 씨족장이 절대적 권위를 가졌다. 만주족은 니루牛彔 단위로 생활을 했는데 모든 니루에는 니루를 총괄한 니루 어전 외에 씨족 사회의 제도였던 할라-다hala da가 존속하고 있었다. 만주족은 아이를 낳으면 반드시 니루 어전이나 할라-다에게 보고하고 등기했다. 하나의 지연 집단 내에 몇 개의 혈연 집단이 있고 이를 합쳐서 하나의 니루를 만들면 대개 촌락장인 가샨-다gasan da를 니루 어전으로 임명했다.

만주족은 일상에서 자신들의 성을 거의 사용하지 않고 이름만을 사용했다. 만주족이 성이 없었던 것은 아니다. 단지 전부 씨족 단위로 생활했기 때문에 일상에서 성을 사용하는 것이 오히려 더 이상했기 때문이다. 만주족은 청이 망할 때까지 전원이 니루 안에 있었다. 이것이 청대 만주족이 한족과 다르게 일상에서 성을 사용하지 않은 원인이었다. 일부 학자들은 100만도 안 되는 만주족이 1억이 넘는 한족의 중국을 정복하여 270년 동안 통치한 것은, '만滿·한漢·번蕃 공존 체제'로 상징되는 '화이일가華夷一家'의 통일 다민족 왕조를 완성한 혁신성 때문이라고 말한다. 만주족의 혁신성이 가능했던 것은 바로 한족이 아니었기 때문에 가질 수 있었던 세계성과 가난했기 때문에 얻을 수 있었던 활력이 원동력이었다고 지적한다. 이것도 일정 부분 맞는 말이다. 하지만, 더 근본적인 이유는 만주족이 한족보다 도덕성이 우수했기 때문이다.

역사상 도덕률이 낮은 나라가 자신보다 도덕률이 높은 국가를 지배하여 다스린 적이 없다. 일시적으로 전쟁에서 이길 수는 있지만, 결코 다스리지는 못한다. 약탈과 지배는 다르다. 약탈은 일회성 또는 다회성으로 침략하여 남의 것을 빼앗는 거지만, 지배는 그렇게 할 수 없는 것이다. 지배하기 위해서는 피지배자의 복리를 증진해야 하기 때문이다. 만주족은 한족을 약탈한 게 아니고 그들을 270년간 지배하였다. 따라서, 한족이 만주족의 지배를 받은 것은 단지 그들의 군사력 때문만은 아니었고, 만주족의 도덕성이 한족보다 뛰어났기 때문이기도 하다. 도덕성은 문화와 별 상관이 없다. 분명히 문화는 한족이 더 높았기 때문이다. 한족에게는 공자와 주자와 같은 뛰어난 유학자들도 있었다. 하지만, 중국인들이 이를 실천하지 않는 한 한족들에게 즐비한 유학자들은 별 의미가 없게 된다. 만주족은 비록 씨족 단위로 생활하는 부족의 형태였지만 이들에게는 엄격한 규율이 있었고 씨족장의 리더십으로 공동체를 이끌어가는 엄격한 내부 도덕률이 있었다.

공동체의 결정체, 팔기군

청나라하면 팔기군八旗軍을 빼놓을 수가 없다. 팔기군이란 무엇인가? 여덟 개의 기旗로 구성된 군대 조직인데, 팔기군은 세계 역사상 유례가 없는 만주족만의 독특한 군대 제도로 만주족의 공동체정신이 녹아 들어가 있는 사회, 행정, 군사 조직으로 평상시에 생활하는 공동체 단위가 전시에 그대로 군대가 되는 것이다. 이렇게 뛰어난 공동체 정신으로 무장한 군인은 전투에서 일당백이 되어 인구 50만밖에 안 되는 만주족이 명나라 군대를 무너뜨리고 중국 전체를 통치하는 데 있어서 핵심 군사 조직이 된다.

팔기의 조직은 다음과 같이 이루어진다. 여진족 주민은 전부 니루에 속해야 하는데, 한 니루는 장정 3백 명으로 이루어지고 25개 니루가 모여서 기旗를 이룬다. 그리고, 이 기旗가 8개 모여서 팔기가 되는 것이다. 즉, 팔기를 이루는 기본 요소는 바로 니루이다. 니루는 만주족이 부족 시기에 씨족마다 혹은 마을마다 10명 정도의 성인 남성으로 조직된 수렵 조직이다. 니루는 '큰 화살'을 뜻하는 여진어이고, 화살은 여진인의 지휘권을 상징했다. 수렵철이 되면 장정들이 모여서 수렵 조직을 구성하고 유능한 자를 수장으로 선출한 후에, 지휘권을 일임한다는 의미로 각자의 화살 한 개씩을 수장에게 주었기 때문에 수렵 조직을 니루라고 칭했다. 수렵이 끝나면 니루는 해체되었다.

1601년 누르하치는 팔기제를 만들면서 임시 수렵 조직인 니루를 300명 장정으로 구성되는 상설 군대 조직이자 사회 조직으로 확대하여 팔기의 기층 단위로 조직했다. 팔기는 군대 조직이자 사회 조직이었고 신생국 후금의 국가 조직 그 자체였다. 그러므로 팔기의 기층 단위인 니루가 수렵 조직을 기반으로 구성된 것은 부족 시기 여진의 수렵 전통이 신설된 국가에서도 중요하게 계승된 것이다. 이로써, 누르하치가 건국한 후금은 인류사에서 보기 드물게 군

팔기군을 사열하는 건륭제

사 조직과 행정조직이 일체화된 완벽한 병영국가를 형성하였다. 건륭제 시대에 최대 판도를 형성한 청 왕조는 세계 으뜸의 대국이었고 그 강대함을 낳은 힘의 원천은 팔기제가 중요한 버팀목이었다는 사실을 인정할 수밖에 없다.

앞서 언급했듯이 군사력의 요소만으로 대국이 만들어질 수는 없다. 만주족은 중원을 차지한 다음에 한족을 어떻게 지배할 것이냐는 문제에 봉착하게 되었다. 만주족이 한족에 비교해 인구수가 많은 것도 아니며 문명 수준이 높았던 것도 아니었고 경제력이 높았던 것은 더더욱 아니었다. 그래서 만주족은 중국을 경영하기 위해서는 혁신을 할 수밖에 없었다. 그들은 먼저 자신들의 부족사회에 기반을 둔 협동 조직인 니루를 개편하여 전체 군사, 행정조직인 팔기제로 재창조하였고, 유목 사회를 기반으로 하는 만주족 왕조이면서 농경사회의 중국 전제왕조를 개량하여 수용하였다.

또한, 청 왕조를 세운 만주족이 북아시아에 속하는 퉁구스계였다는 사실도 관련되어 있다. 한족의 왕조가 아니었기 때문에 중화사상에 빠지지 않고 풍부한 세계성을 갖출 수 있었다고 주장하는 학자도 있는데 이런 관점도 맞는 말인 것 같다.

만주어의 상실, 만주족의 위기

이런 만주족이 중국에서 명맥이 끊겨 현재는 거의 남아 있지가 않다. 압록강 너머 몇몇 만주족 마을이 있지만, 그냥 얼마 안 되는 상징적인 장소일 뿐이다. 어쩌면 만주족의 운명은 50만 명의 인구로 1억5,000만 명의 한족을 다스려야 할 때부터 결정된 것이라고 봐야 하겠다.

1644년 청은 중국을 정복했고 수도를 심양에서 북경으로 이동했다. 이른바 입관이라고 불리는 이 역사적 사건을 통해 청의 약 50만 명의 인구가 중국으로 이동했다. 그 가운데 절반은 북경에 주둔했고 나머지 절반은 지방의 주요 도시와 요지에 분산되어 주둔하기 시작했다. 입관은 중국에 대한 청의 군사적이고 정치적인 승리였지만 만주족의 미래를 불투명하게 만들었다. 입관으로 인해 약 50여만 명의 만주족이 약 1억 5,000만 명의 한인 사이에서 거주하게 되었다. 그 결과 만주족은 한인의 문화와 한어의 침식으로 인해 만주어를 상실할 위기에 처했다. 200년이 지나 언어의 상실은 결국 민족의 소멸로 이어졌다.

만주족은 사라졌지만, 만주족의 중국 지배는 현대 중국에 커다란 선물을 안겨주었다. 만주족의 왕성한 정복 활동으로 중국은 역사상 가장 넓은 영토를 가지게 되었다. 만주는 물론이고, 티베트, 내몽고지역, 신장위구르 지역까지 중국 영토로 안겨주었으니 현대의 중국인들은 만주족에게 감사해야 하겠다.

7장

조선의 상실

뼈아픈 국민의 도덕률 붕괴

뼈아픈 국민의 도덕률 붕괴

풍전등화의 나라

바야흐로 1896년 2월 어느 날, 아무도 다니지 않는 칠흑 같은 어두운 새벽에 두 개의 가마가 주위의 눈치를 살피며 경복궁 건춘문을 도둑같이 몰래 빠져나왔다. 앞의 가마에는 여성이 바짝 출입문에 앉았고 뒤에는 한 남성이 몸을 숨겼다. 뒤 가마에도 다른 여성이 가마 문 앞에 버티고 앉았고 젊은 남자가 바로 뒤에 숨어 있었다. 무슨 일인지 그리 커 보이지 않는 가마에 2명씩 타고 있었는데 한결같이 여성이 남자의 신분을 감추기 위해 바짝 긴장해 있는 모습이다. 두 개의 가마는 새벽 공기를 가르며 쏜살같이 미국 공사관을 지나 150m 떨어진 러시아 공사관에 도착했다. 가마가 도착하자, 러시아 공사가 정중히 마중을 나왔다. 등불이 비치자 그들의 얼굴이 보였는데 앞 가마에 탄 여성은 엄귀비였고 뒤에 숨은 남성은 바로 조선의 국왕 고종이었다. 그리고, 다른 가마에 탄 젊은 남자는 세자 순종이었다.

불과 150m 거리에 불과한 러시아 공사관을 조선의 국왕이 왜 이렇게 야밤중에 철두철미하게 몸을 숨겨가며 찾아온 것일까?

1895년 명성 황후 시해 사건이 일어난 후 일본과 친일 세력으로부터 경복궁에 감금당한 고종은 명성 황후처럼 자신도 언제 죽임을 당할지도 모른다는 신변의 위협을 느꼈다. 독살 위협 때문에 식사도 제대로 못 하고 에비슨과 같은 외국 선교사들이 보내준 연유 통조림과 삶은 달걀 몇 개로 연명할 지경이었다. 국왕이 경복궁에서는 자신의 신변의 안전을 보장받을 수 없어서 러시아 정부에 타진하여 치외법권인 러시아 공사관으로 망명한 사건인 것이다. 이 사건을 아관파천俄館播遷이라 한다. 조선의 운명은 바람 앞의 등불처럼 위태로웠다.

500년 역사의 조선이 왜 이렇게 가련하고 위태롭게 되었을까?

조선이 어떤 나라인가? 조선 창업을 주도한 신진사대부들은 성리학적 이상으로 국가를 부국강병과 대동사회로 만들기 위해 과거 제도를 도입하여 전국의 인재들을 불러모으고 과전법을 시행하여 백성들을 부유하게 하고 국가를 튼튼히 했다.

조선 초기 세종대왕 치세 때 백성들의 삶은 활력과 희망이 가득 차 있었고 국가의 기강은 엄정했으며 세상을 이끄는 지도자들의 정신은 자유로웠으며 좋은 세상을 만들려는 관료들의 순수한 열정이 펄펄 살아있었다. 조선의 황금기였다. 그런 조선이 시간이 흘러 흘러 19세기에는 백성들이 도저히 못 살겠다고 아우성 치는 나라로 변해버렸다.

철종 13년 경상도 단성에서 온순한 조선의 농민들이 도저히 살 수 없다고 아우성치며 민란을 일으켰다. 민란은 들불처럼 번져 진주를 거쳐 삼남 지방까지 이르고 마침내 경기도와 황해도까지 확산되었다. 이를 임술민란壬戌民亂이라 한다. 어떤 국가든 간에 농민들은 대체로 보수적이고 소박한데 이런 농민들이 민란을 일으켰다는 것은 국가에 희망을 잃어버렸을 정도로 도저히 살기 어렵다는 것을 뜻한다. 무엇이 문제였기에 조선의 농민들은 도저히 살 수 없다고 이토록 아우성쳤을까? 19세기 조선의 사회상을 하나씩 살펴보면 우리를 몹시 슬프게 하고 화나게 만들지만, 지금의 우리를 비추는 거울이 되기도 한다.

한계를 넘는 가혹한 수탈

조선 후기 과전법科田法이 폐지된 지는 이미 오래되었고 자작농이 무너지고 병작竝作제도가 확산하였다. 병작제도란 전주가 토지를 내고 농민이 농사를 지어서 5대 5로 나누는 방식으로 쉽게 얘기하면 소작농제도이다. 호남지방에서만 이런 병작농이 70퍼센트에 달했고 자작농은 25퍼센트 밖에 되지 않았다. 문제는 각종 세금과 부과금 때문에 실제 소작농이 받는 것은 10분의 2에도 채 미치지 못하였다고 하니 아무리 열심히 일해도 농민들이 가난할 수밖에 없는 것이다. 이는 정약용의 『경세유표 經世遺表』에 자세히 기록되어 있다.

> "아무리 열심히 농사를 지어도 그 땅의 소출물의 10분의 2밖에 농민이 가져갈 수 없다면 농민은 가난할 수밖에 없는 것이다. 무슨 방법이 있겠는가."

이것은 단순히 병작제도만의 문제가 아니었다. 조선 사회를 처음 접해보는 외국 사람들의 생생한 기록이 조선 사회를 투명하게 비쳐 보여 보여줄 수도 있겠다. 조선어를 알고 조선에 대한 이해가 깊었던 영국인 로스 목사 John Ross는 조선이 "극도로 가난한 나라"이며 "관리들이 백성을 쥐어짜는 나라"라고 기술했다. 그는 "정부의 모든 관직이 시장에서 공공연히 매매되고 법과 제도는 돈을 쥐어짜기 위한 수단으로 이용된다."라고 지적했다. 조선을 "관리들이 백성을 끊임없이 쥐어짜고 수탈하는 나라"라고 규정한 것이다. 영국인의 눈뿐만이 아니었다. 19세기 조선에서 활동한 프랑스인 달레 신부는 "조선 귀족계급(양반)은 세계에서 가장 강력하고 가장 오만하다"라고 지적했다. 그는 조선 양반의 특징을 상세히 기술했는데, 압축하면 다음과 같다.

"조선 양반은 수가 많으며 곳곳에서 지배자와 폭군처럼 행동한다. 돈이 필요하면 하인을 보내 상인이나 농민을 잡아 와 가두고 때리며 돈을 요구한다. 정직한 양반은 강탈하기보다는 차용을 가장해 돈을 요구하되 절대 반환하지 않는다. 이러한 특권을 유지하기 위해 그들은 모두 하나로 일치되어 있다. 그러니 조선의 양반 사대부들이 세계에서 다른 어느 귀족계급보다 강력하다."

프랑스인 신부의 기술이 정확한 사실이라면, 조선은 이미 도덕성을 심히 상실했던 나라였다. 외국 사람들의 기록뿐만 아니라 당시 조선인의 기록도 이와 유사했다. 다산 정약용은 목민심서에 "백성은 땅을 밭으로 하나 관리배는 백성을 밭으로 삼고 껍질을 벗기고 골수까지 빼먹는 것을 밭갈이와 김매기와 같이 여기며 백성의 재물을 긁어먹는 것을 가을걷이나 마찬가지로 여기는 습성이 되었다"라고 기술하고 있다.

500년 역사를 자랑하는 성리학의 나라 조선이 어쩌다 이 지경이 되었는가? 19세기에 함경도 인구의 1/3이 감소하였는데 그 내용이 조선왕조실록에 기록되어 있다.

"호구가 3분의 1이 감소한 원인은 병혁兵革, 기근, 질병에만 있는 것이 아니라 그것은 오랜 유례가 있다. 군정軍政, 전정田政, 고책庫責의 3대 폐단을 제거해야 하며 그중에서도 군정의 폐단을 제거함이 더욱 절실하다."

이처럼 조선왕조실록과 실학자들이 기록한 바와 같이 조선 후기의 문제점을 그 당시 몰랐던 것은 아니었다. 하지만, 안타깝게도 그것을 수정할 만한 도덕적 힘이 조선 내부에는 존재하지 않았다. 조선 후기 때 양반, 중간 관리 향리, 백성 가리지 않고 모두 도덕률이 땅에 떨어졌기 때문이다.

지방 향촌에서 사는 양반들을 재지사족在地士族이라 하는데 이들은 실제 벼슬을 하지 않아도 향촌에서 유력자로서 행세했는데 이들의 부정과 횡포가 조선 후기로 갈수록 극심했다. 대부분 지주이기도 한 재지사족들은 고리대로 돈과 곡식을 가난한 사람들에게 나누어 주고 토지 문서를 저당 잡았다가 이자가 불어나 갚을 수 없게 되면 그 저당 잡은 것을 그대로 매매한 것으로 만들어 토지를 빼앗아 버렸다. 심지어 소유권이 분명한 토지도 자기의 오랜 토지라거나 선대가 공훈으로 나라에서 받은 사패지賜牌地라는 등의 명목을 붙여 빼앗기도 했다. 재지사족의 권력에 굴복해 농민들이 자신의 딸까지 바치는 일도 있었다. 1872년 어떤 지방 생원 집의 노비가 한 농민의 집에 놀러 간다고 나갔다가 갑자기 도망가는 사건이 발생했는데 농민이 그 노비의 도주를 막지 못한 책임을 지고 자기 딸을 노비 대신 바쳐 양반 집에서 일하게 했다고 한다.

윗물이 흐리면 아랫물도 흐리다고 했던가. 각 지방에서 수령을 도와 지방행정을 하는 향리들의 타락을 보면 더욱 기가 차다. 이에 대한 『경세유표』에 나온 기록을 살펴보면 이렇다.

"아전과 포교들이 고을을 돌아다니면서, 받을 수 없는 자의 전세는 마을 사람과 이웃에게 대신 징수했고, 송아지나

돼지를 빼앗아 가거나 방을 수색하고 목을 달아매고 결박하기도 했다. 이들이 지나가면 농민들이 앞다투어 도주해 열 집에 아홉은 비게 되며, 추녀와 벽이 무너졌다. 이렇게 빼앗아 간 것은 아전들이 사사로이 챙길 뿐, 관청에는 한 톨도 들어가지 않는다."

삼정의 문란, 국민 희망을 잃다

뇌물은 국가를 모래성처럼 무너뜨리는데 조선 후기의 대표적인 문제점이 관리들의 뇌물이 너무나도 성행하였다는 점이다. 전정田政은 토지를 대상으로 조세를 부과해 수취하는 제도였는데, 조선 후기에 조세 행정이 문란해지면서 향리들이 뇌물을 요구하여 백성들이 심한 고통을 겪었다. 이른바 전정의 문란이다.

조선의 조세제도의 특징은 총론만 있고 명확한 시행규칙이 없었는데 지방 수령과 담당 향리에게 과도한 재량이 주어져 부정이 매우 심했다. 고을 아전 등 향리들이 마을 부자들의 좋은 토지를 골라 토지대장에서 일부러 누락시키고 사사로이 돈과 쌀을 징수해 착복했다고 한다. 이것을 방결防結이라 한다. 그 토지 대신에 전지 중 모래가 덮이거나 하천이 되어버린 곳, 묵혀진 토지 또는 고을의 홀아비나 과부, 자식 없고 가난한 병자 등의 토지를 골라 토지대장에 기재해 두어 이들에게 전세를 뜯어내서 메꿨다.

고을의 아전들이 세금을 매길 때 뇌물이 너무 심해서 농민들이

수령 주위에 아전들이 서 있는 사진으로 수많은 아전들이 실제 지방업무를 수행
했다

죽어 나갈 정도의 고통을 겪었다고 한다.《목민심서》에 기록에 의
하면, "고을에 전리(면의 서원)가 있고 군현에 전감(도서원)이 있는데,
같이 눈을 껌벅이며 같이 속삭이면서 '기간이다', '진전이다' 한다."
또한, 이들에게 뇌물을 주지 않으면 아무리 병충해가 심해도 재해
로 인정되지 못했고, 뇌물만 주면 잘 자란 전답도 재해 전답으로 처
리된다고 했다. 국가에서는 재정 손실을 보면서도 재해 때 농민을
위한다는 명목으로 전세를 면제해주지만, 실제 혜택이 농민에게 가
지 않고 중간에서 착복하는 아전에게 돌아갔다. 행정을 집행하는
관리들이 뇌물을 받으면 안 된다는 기본적인 도덕률도 지키지 않았

다. 행정을 집행하는 데 있어서 뇌물은 불공정을 일으키고 국가와 사회를 무너뜨릴 수 있다는 것을 과연 조선의 향리들은 몰랐을까? 더구나 국가를 책임지고 관리하여 운영하는 조선 조정의 중앙 관료들이 지방에서 벌어지는 이와 같은 부조리를 몰랐을까? 알았다. 하지만, 자신들이 이미 여러 곳에서 뇌물을 받고 있었으니 지방에서 이런 부조리가 있더라도 모른 척했을 뿐이다. 조선 후기에 이런 기본적인 도덕률이 아무런 죄의식 없이 무너져 내린 것이었다.

조선 사회의 문제는 만연한 뇌물만이 아니었다. 양반층은 특권만 있을 뿐 의무란 없었다. 권리와 의무는 서로 동전의 양면과 같아서, 권리가 있는 곳에 의무가 있고 의무가 있는 곳에 권리가 있는 것인데 놀랍게도 조선의 양반들은 이런 일반적인 원칙에서 예외였다.

조선의 양반층이 갖는 특권은 대략 다음과 같은 것들이 있다. 경제적으로는 지주로서 양인과 천인 계층으로 구성된 농민을 지배하며, 정치적으로는 관료로서 중인계급을 지휘해 양반 관료 국가를 운영했다. 양반은 지주로서 양인과 천인 계층 소작인을 두어 경작하게 하고 생산량의 절반을 챙기는 병작반수並作半收(전주와 소작전호가 수익을 반분한 제도)를 행했다. 그뿐만 아니라 형벌에서도 특권을 보장받는 계층으로서, 죄를 범하더라도 가능하면 속전을 받거나 가노家奴가 대신 처벌받게 했다. 이런 특권들이 일부는 법제로 명시되어 있었지만 대개는 향촌에서 만들어내고 그것이 사회적 관행으로 정착된 것이었다. 그런데 양반의 의무는 규정된 바가 없었다.

무엇보다 국가 공동체를 매우 위태롭게 하는 것은 양반층이 17세기 이후에는 사실상 군역을 면제받았다는 점이다. 외적의 침입이 잦은 조선에서 모범을 보여야 할 지도층이 기본적인 모범도 보이지 않는 셈이어서 이는 조선의 장래를 매우 어둡게 만들었다.

조선 초기에는 양반들도 병역에 참가했으나, 양반들은 갈수록 현직 관직에 있지 않아도 '공부 중'이라는 명분을 만들어 병역을 회피했다. 그리고, 법에 규정된 군역 의무를 향촌에서 면제받을 수 있도록 지속해서 관행을 만들었다. 문제는 군역 대신 포를 바치게 하는 군포제가 시행되면서도 양반들은 군역을 면제받아 군포조차도 내지 않는 것이 관행화되었다. 즉, 조선의 양반들은 사실상 어떠한 형태의 병역 의무도 지지 않았다. 이게 과연 정상일까?

동시대 영국은 완전히 달랐다. 영국의 귀족들은 군역 의무에 있어서 평민보다 훨씬 강하게 책임을 졌다. 전쟁에 직접 앞장섰으며, 특히 전시에는 막대한 전쟁비용을 부담했는데, 이는 전쟁비용을 재산에 비례하여 세금을 내서 충당했기 때문에 재산이 많은 귀족이 평민과는 비교도 할 수 없을 정도로 많은 세금을 부담했다. 영국에는 창문세라는 세금이 있었다. 창문의 수에 따라 세금을 내는 방식인데 귀족이나 부자들의 집은 저택이었기 때문에 많은 수의 창문을 가지고 있었다. 당연히 귀족들은 엄청난 세금을 냈다. 창문은 누구나 밖에서 보이는 것이기 때문에 탈세도 불가능했다.

권리만 누릴 뿐 어떠한 의무도 지려고 하지 않은 조선 양반층과 달리 영국 귀족들은 노블레스 오블리주를 철저하게 실행했다. 똑같은 지배층인 영국의 귀족과 조선의 양반은 왜 이리도 달랐을까? 영국의 기사도 정신이 조선의 선비 정신보다 더 책임감을 강조했기 때문일까? 영국이 받아들인 기독교가 조선이 받아들인 성리학보다 도덕률이 더 뛰어났기 때문일까? 어쨌든, 이유가 무엇이든 간에 지배층의 도덕률 차이로 인해서, 조선은 점점 힘을 잃고 쓰러져 갔으며 동시대 영국은 세계 최강의 국가로 성장하였다.

조선 사회의 도덕적 결함은 아이러니하게 어려울 때 백성들을 돕기 위한 환곡 제도還穀 制度에서 더욱더 두드러지게 나타났다. 환곡 제도는 춘궁기 농민을 구제하는 대표적인 복지제도였다. 그런데 재정이 궁핍해지자 이 환곡 제도가 조선 조정의 재정을 보충하는 조세제도로 변질하였다. 무슨 뜻이냐 하면, 조선 전기부터 환곡을 빌려주고 돌려받는 과정에서 생기는 소모분을 메운다는 명목으로 10퍼센트의 모곡耗穀(이자에 상당하는 것)을 더 거두어들여 지방 관청에서 경비로 사용했다. 중앙 정부는 재정 수요를 메우기 위해 지방 관청이 확보한 모곡 수입의 10퍼센트를 중앙 정부로 가져가기 시작했는데 그것이 점차 늘어나 30퍼센트가 되었고 19세기 초에는 80~90퍼센트에 이르렀다. 모곡 수입의 대부분을 중앙에서 가져다 썼다는 의미였다.

상황이 이렇게 되자 조선 후기에는 여러 관청이 경쟁적으로 환곡을 만들어 운영해 환곡은 농민 구제제도에서 조세제도로 변질하였고, 이는 많은 문제를 일으켰다. 지방의 감영, 병영, 진영, 군현 등이 독자적으로 환곡을 만들어 농민들에게 강제 배분했다. 환곡 규모가 18세기 중반에는 종전보다 두 배 이상 급증해 1,000만 석 정도로 늘어났다. 환곡이 이렇게 문란해진 것이다. 환곡에서도 감사, 지방 수령, 아전들이 각각 횡령하였는데, 몇 가지 대표적인 사례만 살펴보면 다음과 같다. 번작反作이란 거두지 않은 것을 거둔 것으로 하거나, 나누어 주지 않은 것을 나누어 준 것으로 허위서류를 작성하며 잉여분을 챙기는 것이다. 분석分石이란 겨와 쭉정이를 쌀과 섞어서 1석을 2석으로 만들어 농민에게 나누어 주는 것이다. 아전들이 분석에 쓰려고 마을을 돌아다니며 겨를 수백 석 공개적으로 사서 모으는 사례도 있었다고 한다. 그러나 농민이 상환할 때 좁쌀은 반드시 키로 까부르고 쌀은 기름이 흐르듯 번지르르해야 했다. 앞서 기술한 임술민란이 바로 환곡의 문란 때문에 발생한 민란이었다.

환곡만이 문제가 아니었다. 국가 기강의 핵심인 군정도 참담히 무너져 내렸다.

원래 조선은 천민을 제외한 16세부터 60세까지의 모든 양인이 군역의 대상이었는데 조선 중기 때부터 군포제를 실시하였다. 군역 대신 군포를 걷고 군역을 면제해주는 군포제도는 평화 시에 농민을 군역에 붙잡아 두기보다는 귀가시켜 농사를 짓게 하는 것이 정부에게나 농민에게나 더 유리하다는 발상에서 출발했다.

이렇듯 제도 자체는 좋았다. 그러나, 이를 운영하는 국민과 사회 전체의 도덕성이 마비되면 아무런 의미가 없어진다. 조선 시대의 군포제가 바로 그런 경우이다. 특히 조선 후기 때 군포제는 양민을 수탈하기 가장 좋은 제도로 운영되었다.

역사책에 등장하는 유명한 부정·비리의 사례 중 많은 수가 군포와 관련되어 있다. 마을 단위로 할당되는 군포를 이웃에게 물렸고 (인징隣徵), 친척이 도망가면서 미납한 것도 부담 시켰고(족징族徵). 이미 죽은 사람에게도 군포를 부과했고(백골징포白骨徵布), 16세 미만의 어린 아이에게도 부과하는(황구첨정黃口簽丁) 등 별별 사례가 성행했다. 이런 군정의 비리도 각각 이름이 붙여질 정도로 성행하였다. 남자 1명에 2필씩 바치게 되어 있는 군포 부담이 이런 식으로 몇 배씩 증가하여 양민들의 삶을 짓눌렀다. 이를 군정의 문란이라 한다. 지배계급인 양반층이 군역을 면제받는 것은 누가 봐도 문제였다. 조선의 왕들도 이를 잘 알았다. 그래서 영조도 이를 개혁하려 했지만, 양반의 반발이 예상되어서 하지 못했다.

바로 포플리즘 때문이었다. 포플리즘이 대중영합주의라고 번역이 되기 때문에, 대중을 상대로 하는 대규모 감세 정책이라든지 복지정책만 포플리즘이라고 생각하기 쉽다. 사실 포플리즘의 본질은 권력자가 권력의 기반이 되는 계층의 이익만 챙기며 국가 전체의 이익을 후퇴시킬 때 쓰는 광의의 용어이다.

오늘날과 같이 모든 국민의 투표로 권력이 만들어지면 국가의 성장 잠재력과 공정을 훼손하여도 대중적인 주제로 몰고 가는 것이 포플리즘의 형태인데 주로 불평등이 심한 중남미 국가에서 행해지는 정치 행태이다.

조선 시대의 포플리즘은 무엇일까? 조선 시대에는 임금의 권력이 성리학 유생들과 양반층의 지지로 떠받들어져 만들어지기 때문에 임금이 국가 전체의 이익에 반하여도 오로지 양반층의 이익에만 부합되는 정책을 하는 것이 본질적으로 포플리즘이라고 할 수 있다. 조선도 결국 포플리즘 때문에 병들어갔다.

세도정치가 막을 내린 후 1870년, 드디어 흥선대원군이 모든 양반 가호에게 호포를 내도록 제도를 변경했지만, 이미 때를 놓쳐 국가가 지탱할 수 없을 정도로 쇠약해져서 회복이 불가능한 상태였다. 결국, 전정의 문란, 환곡의 문란, 군정의 문란을 포함하는 삼정의 문란이 500년 조선을 몰락의 길로 내몰았다.

노비제도와 애덤 스미스

전근대 시대에 존재하는 신분 계급문제는 어느 국가에나 존재했다. 조선도 마찬가지였다. 그러나, 조선의 노비제도는 다른 문제점이 있었다. 서양에도 노예제도가 있었지만 다른 민족을 대상으로 했다. 조선의 노비제도는 동족을 평생 노비로 삼았다는 점에서 문제가 있었다.

주변 나라들은 어땠을까? 중국은 송나라 때 노비제도를 폐지하였고 일본도 16세기 전국시대 때 노비제도를 폐지하였다. 심지어, 조선이 오랑캐라고 부르고 멸시하던 여진족도 전쟁에서 진 부족들을 데려다 노비로 삼았을 뿐 자신의 부족을 노비로 부리지는 않았다. 하지만, 성리학 문명국이라고 자부하던 조선이 동족을 평생 세습하며 노비로 부리는 제도를 19세기 말까지 유지했다는 점은 부끄러운 도덕적 흠결이었다. 인구대비 노비의 비율이 지나치게 높았다는 점도 문제였다. 인구의 30퍼센트 이상이 노비로 편제되었는데 이는 미국이 남북전쟁 발발 직전 연도에 노예 인구가 대략 10퍼센트 정도였다는 점을 생각하면 지나치게 높은 비율이다.

조선은 왜 이렇게 노비가 많았을까? 조선의 노비제도는 어머니가 노비면 아버지가 양인이어도 그 자식이 노비가 되는 제도였기 때문이다. 조선의 양반들은 자신의 여노비들을 적극적으로 양인과 결혼시켰는데 그 이유는 그렇게 함으로써 여노비들의 자식들을 자신 소유의 노비로 삼을 수 있었기 때문이었다. 반면 남노비들의 결혼은 잘 허락해 주지 않았다. 노비 수 증가에 별 도움이 안 되었기 때문이다.

노비제도의 근본적 문제점은 무엇일까? 인간의 존엄성인 자유를 박탈했다는 점이다. 자유가 없는 인간은 불행하며 창의력이 없고 생산성도 저조하다.

혹자는 조선 시대의 노비는 서양의 노예와는 달리 일정 부분 재산을 가질 수 있고 주인의 집 밖 가까운 곳에 따로 산다고 하지만, 기본적으로 자유를 박탈당했다는 점에는 별 차이가 없다. 조선 인구의 30퍼센트 국민이 노비라는 멍에를 매고 자유를 박탈당한 삶을 산 것이다.

국민의 자유를 증진하지 않는 국가는 어김없이 침체되고 국력이 쇠락한다.

노비의 문제는 비도덕성에만 있는 것이 아니라 국가 경제에도 악영향을 끼쳤다. 영국의 경제학자 애덤 스미스는 노예 노동이 공짜가 아니라 사실은 모든 노동 가운데 가장 비싼 것이라고 했다. 노예에게는 임금을 주지 않으므로 노예를 사용해 일을 시키면 외관상 그들의 생활비만 드는 것처럼 보이지만 결국 따져보면 가장 비싸다고 했는데, "아무런 재산도 획득할 수 없는 사람은 가능한 한 많이 먹고 가능한 한 적게 노동하는 것 외에는 관심을 가지지 않는다"라고 했다. 노예제도는 인권의 문제 이전에 경제의 생산력에서도 매우 비효율적인 제도라는 의미다. 조선은 건국 초부터 인구의 30퍼센트 이상이 노비로 편제되었는데 이로 인해 생산력에서 큰 손실을 입어 국력을 갉아먹는 원인이었다. 이들을 양인으로 해방해 줬으면 왕성한 창의력과 사유재산 형성에 대한 욕구로 조선의 생산력이 분명 훨씬 좋아졌을 것이기 때문이다.

혁신에 대한 철저한 무지

조선 양반의 실책 중 하나는 공동체를 대상으로 도덕성 향상을 가져오는 지식 공유를 하지 않으려 했다는 점이다. 성리학은 도덕률과 관련이 있음에도 불구하고 일반 국민을 상대로 이를 가르치려고 하지 않았다. 중종 때 서점 개설 문제를 조정에서 논의했는데, 사대부 양반들은 서점 개설에 대해 하나같이 집요하게 반대했다. 조정에서 삼정승三政丞(의정부의 영의정·좌의정·우의정을 이르는 말)이 함께 서점 설치가 불가함을 다음과 같이 강변했다.

"서점을 설치하는 일은 명목이 글을 숭상하는 것 같아 좋기는 하지만, 우리나라의 풍속에 일찍이 없었던 일입니다. 또 가령 과부 중에 더러 서책을 팔 사람이 있다 해도 사사로이 매매하지, 서점에다 내놓지는 않을 것 같습니다. 서책을 가져다 놓지는 않고 서점만 설치한다면, 법이 어떻게 시행되겠습니까? 대저 시행될 수 있는 법은 세워야 하겠지만 시행될 수 없는 법을 세우면, 비단 유익함이 없을 뿐만 아니라 도리어 해가 됩니다. 신들은 서점을 세우는 것이 부당하다고 여겨집니다."

이들은 반대를 위해 매우 특이한 사례까지 인용하며 논의를 왜곡시켰다. 당시의 삼정승을 비롯한 고위 관료들은 우리나라 풍속에 없던 일이라는 핑계를 대며 반대했다. 또 중국과 달라 백성이 본래 가난하기 때문에 책판과 종이를 사적으로 마련하기 어려워 서점을 설립해도 책을 유통하기 어려울 것이라는 논리의 비약까지 했다. 고위 관료들과 양반 사대부들은 왜 그리 집요하게 논리에도 안 맞는 이유를 내세우며 서점 설립을 반대했을까? 책에 대한 수요가 적었다기보다는 책을 통해 지식을 독점하려던 지배층이 책이 널리 보급되는 것을 꺼렸기 때문이었다. 이는 조선 양반층의 치명적 실수였다. 도덕적 교화를 포함하고 있는 성리학책이 일반 백성들은 쉽게 접할 수 없었다는 것은 지배층이 도덕적으로 타락해 갈 때 이를 막아줄 백성들의 도덕률 향상이 어려웠다는 것을 뜻하기 때문에 국가적으로 매우 부정적인 영향을 가져왔다고 할 수 있다.

마지막으로 조선은 혁신에 대해 무지했다. 그래서 가난했다. 농업도 중국, 일본보다 생산성이 떨어졌고 상공업의 천시로 나라 전체가 가난에 허덕였다.

청나라 말의 왕석기王錫祺라는 학자가 편찬한 저작 『소방호재여지총초 조선편』에는 조선 후기의 모습이 기록되어 있다. 19세기 아편전쟁을 계기로, 중국도 먼저 산업화를 이룬 서양 열강에게 수모를 겪고 있었는데, 그런 처지에 있는 중국인들의 눈에 비친 조선은 더욱 가난하고 빈약한 나라였다.

> "그 나라에 들어가면 활기가 없고 먹는 것도 담백하다. 장비는 낡고 형편없으며, 화약을 쓰는 장치도 매우 느리다. 세계 여러 나라 가운데 아마도 이만큼 빈약한 국가는 없을 것이다."

왕석기는 이러한 견해가 조선을 다녀간 중국인들의 일반적인 평가라고 부연했다. 조선 내부의 시각도 마찬가지였다. 조선 후기 영조 때 한 고위 관리가 상소문을 제출했는데 그 내용 중에 "우리나라는 가난한 나라입니다. 한양이나 외방의 사서는 큰 부자나 녹을 먹는 사람 이외에는 대체로 궁핍한 사람이 많습니다"라고 되어 있다. 조선 임금에게 고위 관료가 공개적으로 조선이 자고로 가난하다고 공언한 것이 불경죄로 다스려질 법한데 아무런 문제가 없었다. 왜냐하면, 조선이 가난하다는 것은 누구도 반박할 수 없는 당시 관료들의 일반화된 인식이었기 때문이다.

조선은 사농공상에 따라 상공업을 유독 천시했다. 사회적으로 상인과 기술자를 멸시하고 영리활동을 경시하는 문화 때문에 민간의 상공업이 활성화되지 못했다. 나라에 부를 가져다주는 상공업이 발달하지 못했기 때문에 조선은 유달리 가난할 수밖에 없었다. 그렇다고 농업 생산성이 좋았던 것도 아니다. 제임스 팔레는 조선, 중국, 일본의 쌀 생산성을 조사하였는데 19세기 조선의 쌀 생산성은 일본의 60퍼센트 미만으로 추정했다. 중국은 1850년에 27.73부셸의 생산성을 보이는데, 이는 조선의 거의 두 배 수준이었다. 3국 중에서 농업을 가장 중시했던 조선이었지만 농업 실적이 제일 좋지 않았다. 왜 그랬을까? 공업이 발전해야 성능 좋은 농기구가 만들어지며 상업이 발전해야 생산한 농산물을 팔 수 있는 경로가 생겨 농업이 발전하는데 사농공상으로 대변되는 상공업을 천시하는 사회적 문화 때문에 농업도 발전할 수 없었다.

모든 산업이 서로 연관되어 있다는 것을 조선의 양반들이 과연 몰랐을까? 알았다. 다만, 사농공상을 지배 이데올로기로 받아들였기 때문에 이를 깨고 싶지가 않았던 것이었다. 결과는 혹독했다. 19세기 말 조선은 이미 몹시 쇠약해져 있었고 여기에 결정적으로 경제력도 매우 취약하여서 외부 세계의 입김에 무너지기 쉬운 나라가 되어버렸다.

조선이 마주한 19세기는 그 전의 세기와는 근본적으로 달랐다.

세계사적으로 격변의 시기였다. 유럽이 탁월한 과학기술과 경제력으로 전 세계로 진출하였고 지구 곳곳에서 산업혁명이 일어났다. 기존 국가 간의 힘의 질서에도 변화가 일어났는데 불행히도 조선의 주변 국가인 청나라와 일본의 힘의 관계에도 역전이 생겼다. 화려했던 나무가 가을이 지나 겨울이 다가오면 잎이 모두 떨어지고 앙상한 가지만 남게 된다. 그 모습은 마치 나무가 죽은 것처럼 보인다. 하지만 죽은 것처럼 보일 뿐 나무는 살아있다. 한겨울의 매서운 추위와 눈보라 속에서도 나무는 희망을 간직하고 있다. 눈에 보이지 않을 만큼 새싹의 씨눈을 품고 있다. 아무리 힘겨운 한파에도 씨눈을 간직한 나무는 움트게 할 봄을 기다린다. 봄이 되면 씨눈이 움터 새잎이 돋고 나무는 다시 꽃을 피우고 자란다. 조선도 40년 동안 혹독한 겨울의 시간을 보내고 드디어 은혜와 같은 봄을 맞아 고이 품고 있던 씨눈의 새싹이 대한민국으로 다시 힘차게 움트게 되었다.

8장

대영제국 해체와
유럽의 후퇴

2차례의 세계대전과 쇠락

2차례의 세계대전과 쇠락

유럽의 늦깎이 독일의 부상

18세기 중반까지 유럽에서 가장 발전이 더뎠던 독일이 서서히 잠에서 깨어나기 시작했다. 수십 개의 연방으로 나누어졌던 독일이 철혈 재상 비스마르크가 지휘한 프로이센에 의해 통일이 되었다. 프로이센에서는 교육 개혁으로 독일의 초등교육은 유럽에서 문자 해독률이 가장 높고 숙련도가 높은 노동력을 양성했고, 독일의 대학은 최고급 인재들을 배출했고 그 결과 많은 분야의 연구에서 첨단에 섰다. 독일은 통일 직후 경제 활동의 열기가 고조되어 영국의 공업 생산이 두 배 증가하는 동안 독일의 공업 생산은 무려 다섯 배 증가했다.

독일은 우수한 과학 기술력을 바탕으로 석탄, 제철 공업과 같은 기존 산업을 단기간에 따라잡음은 물론 전기, 화학 같은 신사업으로 이동하여 뛰어난 두각을 나타냈다. 독일 경제의 발전은 수많은 중소기업이 서로 경쟁을 벌이던 영국의 느린 산업화 과정과 대비되어 국가가 직접 개입하여 산업을 계획 주도하였다. 무엇보다 독일 사람들은 유럽 사람 중에 가장 근면 성실했다. 독일인은 전통적인 가치 규범으로 성실, 근면, 절약을 미덕으로 삼았다. 즉, 독일인은 절약하면서 열심히 일했다. 국민이 열심히 일하는 국가가 강성해지는 것은 당연하였다.

최초의 산업 국가로서 영국이 누렸던 우월한 경제력은 독일이 빠른 속도로 산업화를 추진함에 따라 상대적인 쇠락을 경험하게 되었다. 독일이 1883년에 영국의 철 생산량을 넘어섰는데 철강 생산은 산업화의 척도일 뿐 아니라 잠재적 군사력의 척도라는 점에서 영국의 상대적 경제력 및 군사력의 쇠퇴를 의미했다. 1890년대가 되면서 영국이 산업 경쟁력에서 독일에 뒤지게 되자 영국도 이제는 느긋할 수만은 없었다. 자유주의 무역은 영국에 큰 경제적 번영을 가져다주었지만 19세기 말부터 유럽 경쟁국들과의 경쟁이 치열해지자, 기존의 비공식적인 방법의 자유무역을 통한 경제적 번영이 아니라 공식적 통제를 통한 적극적 식민지 획득으로 비교우위를 확보하고 경쟁력을 유지하려 했다. 그 결과 영국도 그동안의 노선을 버리고 제국의 길을 걷게 되었다.

이 시기에 유럽 전체에 걸쳐 폭발적인 인구증가가 나타났다. 18세기 중반부터 19세기 중반까지 인구가 거의 두 배가량 증가했는데 특히 독일에서 농촌 인구의 증가가 압도적이었으며 영국의 인구

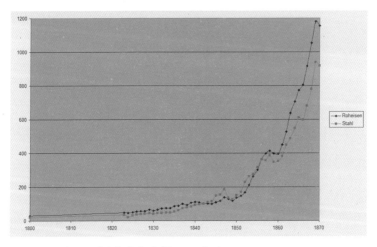

1800~1870년 프로이센의 철강 생산(1000t 기준)

성장도 가히 폭발적이었다. 프랑스도 이 시기 인구 성장이 이루어
졌지만 가장 낮은 성장률을 보여 줬다. 자세한 수치를 보면 프랑스
의 인구가 1871년에서 1914년까지 3천6백만에서 겨우 4천만으
로 증가했던 반면, 같은 기간 독일의 인구는 4천1백만에서 무려 6천
8백만으로 증가했다. 가장 비옥한 농토를 가진 프랑스가 기후와 환
경이 척박한 독일과 영국보다 가장 낮은 인구 증가율을 보여준 것은
아이러니하다.

독일의 통일 과정에 항상 프랑스가 반대하고 있었으므로 프로
이센은 프랑스와 전쟁을 하여 항복을 받았다. 보불전쟁 패배 후 프
랑스의 정치 상황은 혼란이 극심했다. 나폴레옹 3세가 프로이센군
에게 항복한 사건은 제2 제정(1852-1870)의 몰락과 제3공화국(1870-

1940)의 출범을 가져왔다. 그런데, 노동자와 좌파 시민 계층에서 1871년 파리에서 파리코뮌이라는 사회주의 계열 자치 정부를 세웠다. 정부군이 이들을 진압하자 파리코뮌 주의자들은 극렬하게 저항했다.

파리코뮌 기간에 파리를 상징하는 유서 깊은 역사 건축물들과 문화재들이 대거 파괴되었다. 파리코뮌이 진압되고 나서 도시가 거의 잿더미로 변해 있었던 것은, 과격한 코뮈나르들의 엄청난 방화 때문이었다. 코뮌 측의 전투 중에는 부녀자들도 많았는데, 남성 전투원은 직접 전투에 참여하고 여성 전투원들은 시내 곳곳 석유 방화를 하고 다녔는데 영국인 에드윈 차일드에 의하면 코뮌의 여성들이 마치 성난 암호랑이처럼 기세등등하게 석유통을 들고 다녔다고 기술하고 있다. 유서 깊은 튈르리 궁도 이때 방화로 소실되었다. 결국, 파리코뮌은 두 달 만에 정부군에 의해 진압되었다.

유럽 열강들의 식민지 쟁탈

19세기 후반부터 유럽 제국주의 열강은 자원의 확보와 경제적 이익, 정치적 영향력을 강화하기 위해 지구를 안방처럼 돌아다니며 다른 나라들을 식민지로 삼는 활동을 하였다.

영국과 프랑스가 아프리카, 아시아 대륙뿐만 아니라 태평양 여러 섬에 식민지를 두었고 19세기 후반에 통일 국가를 달성한 독일이 식민지 확보에 뛰어들었다. 상황이 이렇게 되자, 유럽 열강들은 식민지 획득에 혈안이 되어 서로 경쟁적으로 나섰다. 영국은 해양 국가로 자유무역을 지향하면서 소극적으로 해외 식민지를 건설하였지만 19세기 말 식민지 확보가 유럽 열강들의 패권주의 정책에 결부되어 나가자 영국도 소극적인 형태를 벗어 던지고 적극적인 식민지 확보 경쟁에 나섰다. 유럽 열강들은 이제 영화에 데뷔하듯 공식적으로 전 세계를 식민지로 삼는 제국주의로 나아갔다.

19세기 이전 유럽 열강은 아프리카에 그다지 흥미를 갖지 않았다. 아프리카에 대한 유럽인의 지식은 보잘것없어 아프리카 대륙을 '암흑의 대륙'이라고 부르기도 했다. 그런데, 19세기 들어와 기독교 선교사들의 선교와 탐험 활동 등으로 아프리카 내륙에 관한 정보가 유럽에 전해지기 시작했다. 리빙스턴David Livingstone은 탐험가로 알려졌지만, 그의 직업은 동시에 선교사이기도 했다. 리빙스턴이 선교를 위해 남아프리카를 탐험하면서 영국 교회에 보낸 선교지 정보의 일부가 영국 정부에 들어가게 되었는데, 남아프리카에 많은 다이아몬드와 귀한 광물들이 발견된다는 정보가 포함되어 있었다. 리빙스턴이 원했던 것은 더 많은 선교사 파송이었는데 영국 정부가 보낸 것은 군함과 상선이었다. 이런 이유로 아프리카와 아시아의 식민지국들은 서구 선교사들을 배척하고 열강의 정부와 자본가의 이익을 대변하는 침략자로 인식하게 되어 선교 활동을 하기 힘들어졌다.

19세기 후반 유럽 열강의 아프리카 식민지 확보는 거침없이 진행되었다.

〈아프리카 종단 철도계획 풍자〉
세실 존 로즈는 아프리카에서 최초로 다이아몬드 채굴 사업을 한 영국 사람이었다.
그는 케이프 타운에서 카이로까지 영국이 종단 철도와 전신을 놓아야 된다고 주장
하였다.

1881년에 아프리카 수단에서 무하마드 아프마드에 의한 반란

이 일어나자 이집트의 보호국이었던 영국이 개입하게 되었는데 수단이 이집트의 지배를 받는 국가였기 때문이다. 반란을 진압한 영국은 수단에 병력을 주둔시키는 계기가 되었고 당시 남아프리카 공화국을 영국령으로 두고 있었기 때문에 이집트, 수단, 남아프리카 공화국까지 아프리카를 종단하는 정책을 추진했다. 원래 영국은 무역을 위해서 아프리카 해안의 이집트, 남아프리카 공화국 등 몇몇 국가들만 관심이 있었지만, 19세기 말에 유럽 열강 간의 식민지 쟁탈전이 격화되자 이런 정책을 추진하게 되었다.

프랑스는 1830년 알제리를 침략한 이래로 인접국인 튀니지까지 지배력을 확대해 나가면서 사하라 사막을 넘어 홍해를 향한 아프리카 횡단 정책을 추진했다.

종과 횡은 결국 한 지점에서 만나 충돌하게 되어 있다. 영국군과 프랑스군은 아프리카 한복판 파쇼다에서 충돌하였다. 이는 장차 16년 후에 일어날 세계대전을 예고한 사건으로 볼 수 있는데 프랑스의 장바스티 마르샹 대위가 파쇼다에 도착하여 자국의 국기를 게양하자 영국의 허버트 키치너 장군이 이를 막아서면서 양국이 군사적 긴장 상태에 놓이게 되었다. 프랑스가 양보함으로써 일단 군사적 충돌은 피했지만, 식민지 확보를 둘러싼 양국 간 긴장은 여전히 진행 중이었다.

여기에 유럽의 늦깎이 독일도 식민지 확보에 합류하였다. 독일의 경제가 급성장하면서 독일이 중부 유럽에서 지배적 지위를 넘어 대국으로 가기 위해 제국주의 길을 걸어야 한다는 내부 여론이 강

1906년 마르세유 식민지 전시회 포스터

했기 때문인데 영국과 프랑스의 식민지 확보에 독일도 가세하여 그
야말로 점입가경이었다.

영국과 프랑스에 이어 독일, 벨기에, 이탈리아 등 신흥 자본주의
국가도 아프리카 분할에 뛰어들어 제1차 세계대전 이전까지 아프
리카에 남은 독립국은 라이베리아와 에티오피아밖에 없었다. 지금
도 아프리카 대륙의 지도를 보면, 각 나라의 국경이 거의 직선으로
이루어졌다는 사실을 알 수 있는데 유럽 열강들이 식민지 쟁탈전을
벌였을 때의 경계선을 토대로 현재의 국경이 정해졌기 때문이다.
당시 유럽 열강들은 그 지역 문화나 민족 분포를 신경 쓰지 않고 편
의적으로 경계선을 정했다. 그것이 현재 아프리카 국가들에서 벌어

지고 있는 민족 대립의 원인이 되고 있기도 하다.

아프리카뿐만이 아니었다. 유럽 열강들은 19세기 들어 경쟁적으로 아시아 침탈에 나섰다. 영국은 일찌감치 동인도 회사를 앞세워 인도에 진출하여 19세기 후반 무렵에는 인도를 직접 지배하였고 프랑스 역시 영국의 뒤를 이어 청을 식민지로 삼기 위한 경쟁에 뛰어들었고, 이어서 베트남, 캄보디아 등 인도차이나반도 국가들을 식민지화하였다. 네덜란드는 18세기에 자바섬을 장악하고, 인도네시아 대부분을 식민지로 삼았다.

제1차 세계대전, 제국주의 몰락

19세기는 그야말로 유럽의 세상이었다. 과학, 문화, 학문, 예술, 경제, 군사 모든 면에서 세계 최고였으며 유럽인들은 탁월한 우월감에 차고 넘쳐 아시아와 아프리카는 전부 자신들이 가르쳐야 할 대상으로 봤다. 하지만, 영원할 것 같았던 유럽 열강들의 세계 식민지 지배에 금이 가기 시작했다. 그 원인은 식민지의 저항 때문이 아니라 다름 아닌 유럽 열강들 사이에서의 탐욕과 갈등에서 비롯되었다.

유럽 열강 간의 식민지 확보에 따른 갈등은 점점 커져가더니 마침내 20세기 초 유럽 내의 긴장은 극도로 높아져 작은 불씨에도 전쟁이 불붙을 것 같은 팽팽한 분위기였다. 이런 인화성 가스가 가득찬 분위기에 불씨를 당긴 사건이 있었으니 바로 사라예보 사건이었다.

세계대전을 발화시킨 사라예보 사건은 국가 간 항의로도 처리가 가능했던 사소한 사건이었다. 1914년 6월 24일, 오스트리아의 황태자인 페르디난트 대공이 오스트리아에 합병된 보스니아-헤르체고비나의 수도 사라예보를 방문하던 중, 세르비아 민족주의자들로부터 후원을 받는 한 젊은 보스니아 청년에게 암살당했는데 정치적 암살은 이 당시에 아주 흔한 일이었기에 반드시 전쟁의 원인이 되어야 할 이유는 없었다. 사라예보 사건은 그동안 누적된 식민지 쟁탈을 둘러싼 유럽 열강 간의 갈등과 불신이 한계치에 도달하여 언제든지 전쟁을 하여도 이상하지 않을 만큼 긴장된 상태에서 단지 명분만 제공한 사건인 것이다.

사라예보 사건에서 오스트리아는 암살에 대한 대응 방안을 놓고 얼마간 고심했다. 그런데, 오스트리아가 대응 수위를 놓고 독일에 자문하자, 독일 황제는 전폭적 지원을 약속하는 사실상 백지수표를 건네주었다. 독일의 명확한 태도에 고무된 오스트리아는 세르비아로서는 도저히 받아들일 수 없는 조건을 내세웠고 마찬가지로 러시아도 세르비아가 오스트리아의 최후통첩에 대해 부정적으로 반응하도록 고무하였다.

어떻게 오스트리아와 세르비아 간의 전쟁이 유럽 전체의 전쟁으로 번졌을까? 당시 유럽의 상황은 복잡한 동맹 관계로 얽혀 있었다. 독일은 오스트리아·헝가리, 이탈리아와 '삼국동맹'을 맺어 어느 한 국가가 프랑스로부터 공격을 받게 되면 서로를 보호해 주기로 동맹을 맺었으며, 이에 대한 반작용으로 영국, 프랑스, 러시아 간에도 이와 유사한 '삼국협상' 동맹이 맺어졌다. 결국, 오스트리아와 세르비아 간의 전쟁이 도미노식으로 모든 유럽 열강들을 순식간에 전쟁터로 빨아들였다.

사라예보의 총성으로부터 발발한 이 전쟁을 가리켜 우리는 '제1차 세계대전'이라 명명하는데 이의를 제기하지 않는다. 그것이 과연 '최초의' 세계 전쟁이었을까? 사실 이미 19세기의 '나폴레옹 전쟁'도 역시 세계의 여러 대륙에서 동시다발적으로 치러졌기 때문이다. 그런데도 역사가들은 '제1차 세계대전'이란 용어가 적절하였다고 생각했다. 왜냐하면, 제1차 세계대전은 세계에서 첫 번째로 산업화한 총력전이었기 때문이다.

제1차 세계대전은 유럽인들이 기존에 예상했던 전쟁이 아니었다. 19세기 전쟁은 결정적인 전투 한 번으로 종결되었기 때문에 사상자도 적고 전투 시간도 짧았다. 그러나 새로운 전쟁은 그러한 전쟁이 아니었다. 무기가 비약적으로 발전했기 때문에 군인들은 대체로 참호 속에 숨어 싸워야 했고 병사들이 포탄에 떨면서 몇 날 몇 주를 참호 속에 웅크리고 있으면서 조금씩 진격과 후퇴를 거듭하던 지긋지긋하고 고통스러운 장기전이었다. 전투가 벌어지면 엄청난 사상자가 발생했지만, 성과는 아주 미약했다. 실례로 1916년 7월부터 11월까지 계속된 솜 전투에서는 전투 시작 일주일 만에 영국군 19만 명, 프랑스군 8만 명, 독일군 20만 명의 사망자가 발생했다.

그런데 전쟁은 좀처럼 끝나지 않았다. 1916년 독일은 베르됭을 공격했고 영국과 프랑스는 솜 전투에서 공세를 취했지만, 승패가

솜전투 시작전에 참호에 서 있는 영국군

나지 않았다. 결국, 전쟁은 장기전이 되면서 군대뿐 아니라 국력을
총동원하는 총력전의 양상을 띠게 되었다. 군인 한 사람의 죽음은
전쟁에 아무런 영향도 주지 않았다. 이런 전쟁의 실상을 그린 소설
이 독일 소설가 레마크르의 『서부전선 이상 없다』이다. 1929년 출
간된 장편소설로, 학도 지원병인 파울의 전쟁 체험을 통해서 전쟁
의 무의미함과 비참함을 그린 소설로, 주인공의 죽음도 이상 없음
이라는 보고로 끝난다.

　미국의 참전으로 1차 세계대전은 종전을 맞이했지만, 전장이었
던 유럽의 피해가 실로 엄청났다. 무엇보다 프랑스의 피해가 컸다.
프랑스가 독일과 국경을 맞대고 있었기 때문이기도 했지만, 프랑스 내의 반전사상 확산으로 군인들의 사기가 꺾인 상태에서 전쟁을 치른 것도 큰 원인이었다. 제1차 세계대전 이후로 프랑스를 위시한 유럽 문화는 상당히 비관적이고 염세적인 분위기가 지배했다. 스스로 문명국임을 자처하던 유럽이 그 어떤 야만인들보다 더 끔찍한 전쟁을 치르면서 엄청난 충격과 고통을 받았기 때문이다. 산업혁명 이후 급속도로 발전한 서구 문명의 우월성이 모든 것을 해결해 줄 것으로 믿었던 낙관적인 분위기는 문명의 이기들을 이용한 서로 죽고 죽이는 살육 전쟁을 통해 완전히 산산조각 나고 말았다.

끔찍한 세계대전은 수백만의 소중한 생명을 앗아갔고 세계지도를 다시 재편성하도록 했다. 독일제국, 오스트리아·헝가리 제국, 러시아 제국이 완전히 몰락하고 대영제국, 프랑스 식민제국들도 역사의 주도권을 상실하여 사실상 제국주의가 몰락하게 되었다.

제2차 세계대전, 식민지의 해방

유럽인들이 그토록 더 많이 차지하려고 경쟁했던 식민지 확보를 놓고 서로 뒤엉켜 한 전쟁이기 때문에 영국, 프랑스도 전쟁 책임에서 벗어날 수가 없었다. 단지 독일이 패전국이라는 이유만으로 이 전쟁의 모든 책임을 진다는 것은 처음부터 무리였다. 미국 윌슨 대통령은 독일에 전쟁 책임을 지우는 베르사유 조약에 반대했다. 그러나, 독일과의 전쟁에서 가장 큰 피해를 본 프랑스가 극렬히 반대했고 모든 책임을 독일에 지우려고 했다.

베르사유 조약은 승전 국가들에게는 평화를 대표했지만 다른 패전 국가들에게는 강권을 의미해서, 이는 장차 20년 후에 발생하게 될 2차대전을 예고한 셈이었다. 베르사유 조약의 가장 중요한 내용은 패전국 독일에 대한 처우 문제였고, 그중에서도 가장 중대한 문제는 막대한 배상금의 부과였다. 베르사유 조약의 가장 큰 문제점은 조약의 논의부터 체결과 이행과정까지 연합국들은 서로 자신의 이해관계만 내세워 이견과 갈등의 연속이었다는 점이다. 과도하고 일방적인 협정안을 독일에서 받을 리가 만무해지자 프랑스와 영국은 독일 해상을 봉쇄하였는데 봉쇄의 여파로 독일인 763,000명이 아사했다. 어쩔 수 없이 독일이 서명한 베르사유 조약은 15부와 440조라는 방대한 내용을 포함하고 있는데 독일은 8천 제곱킬로미터의 영토와 8백만 명의 주민을 주변국에 양도해야 했으며 15년간 독일 서부의 자르를 분리해 프랑스 통제하에 두게 하고, 모든 식민지를 빼앗기고, 배상금으로 자그마치 1,320억 마르크 금화를 지급해야 했고, 그중 52퍼센트는 프랑스에 배상해야만 했다.

독일인들의 집단 심리 속에는 베르사유 조약은 '강제 조약'이라는 등식이 자리 잡게 되었고, 이는 불타는 증오심으로 바뀌었다. 미국은 조약이 불평등하고 평화를 담보하지 못한다고 여겨 베르사유 조약에 대한 비준을 거부하고 국제연맹에도 가입하지 않았다. 막대한 배상금 때문에 독일은 극심한 인플레와 경제란을 겪게 되었다. 1922년 1월에 1달러는 200마르크였으나 1923년 1월에는 18,000마르크로 마르크화 가치가 완전히 폭락했다. 당시 독일 국민은 비누 한 개를 사기 위해 돈을 여행용 가방에 가득히 담아 가야 할 정도로 인플레이션이 극심했다고 하니, 독일 국민이 받은 경제적 고통이 어떠했는지 짐작이 간다.

독일의 극심한 인플레는 연합국에 약속한 전쟁배상금을 지급하는 능력마저 잃게 해서 연합국에 전쟁배상금 지급유예 기간을 5년으로 연장해 달라고 요구했다. 그러나 프랑스는 이 요청을 단칼에 거절하고 5개 사단이 독일의 최대산업단지인 루르 지방을 점령한 후 이 지역의 철광석과 석탄을 요구하였다.

독일 국민은 분노하였고 베르사유 체제를 극복할 새로운 정치 세력을 희구하였는데 그게 하필 나치였다. 나치당을 등에 업은 독일은 더는 베르사유 조약을 지키지 않았고 과도한 배상을 중단하고 독일 영토의 회복을 요구하였다.

국민들의 광범위한 지지를 받은 히틀러가 1939년 9월 폴란드를 침공하면서 제2차 세계대전이 시작되었다.

프랑스는 또다시 무기력하게 독일군에게 점령당하여 괴뢰정권이 세워졌고 오직 서유럽에서 영국만이 항전하였다. 독일은 영국에 대대적인 공중폭격 이후 지상군을 투입하는 작전을 펼쳤는데 영국은 처칠 수상의 뛰어난 지도력 아래 독일의 공격을 효과적으로 방어하였다. 히틀러는 영국과의 전쟁을 매듭짓기도 전에 제2의 전선을 구축하였는데 바로 러시아와의 전쟁이었다. 이는 중대한 실수로 히틀러가 전쟁에서 패배하는 직접적인 원인이 되었고 독일군은 레닌그라드 외곽 지역에서 고립되어 패전의 길로 접어들게 되었다.

승패에 결정적인 영향을 끼친것은 전 세계 GDP의 절반을 차지하는 미국의 참전이었다. 미군의 참전으로 전세가 급격하게 기울어지면서 협공을 받던 독일은 전력을 전부 소진하고 마침내 1945년 5월 8일 연합국에 무조건 항복하였다. 이로써 제2차 세계대전은 막을 내리게 되었다.

필자는 제2차 세계대전이 정확하게 말하면 1.5차 대전이라고 하는 게 더 맞는다고 생각한다. 제2차 세계대전이라고 명명할 정도면 1차 세계대전과는 원인이 달라야 했고 또한 시간적 간격도 충분해야 하지만 2차 세계대전은 1차 세계대전 종료 후 불과 20년 만에 발발하였고 전쟁 원인도 1차 세계대전에서 아직 긴장을 완전히 해소되지 못한 것이 원인이 아니었던가.

두 차례의 세계대전으로 영국과 유럽대륙 국가들은 세계사에서 강대국의 지위를 내려놓게 되었다. 대영제국은 해체되고 세계 최강 대국의 지위는 미국으로 옮겨가게 되었다. 그리고, 세계 각지의 식민지 국가들에게는 해방을 가져다주었다. 제2차 세계대전 후, 아프리카 국가들은 독립을 이루게 되었는데 각 국가의 사정에 따라 1951년부터 순차적으로 독립이 이루어져 1960년에 카메룬, 콩고, 나이지리아 등 무려 17개국이 일제히 독립해서 그 해를 '아프리카의 해'라고 불렀다.

9장

미국의 등장

신대륙 이민국가가 슈퍼파워 국가가 되다:
청교도 윤리 실천과 개척 정신

신대륙 이민국가가
슈퍼파워 국가가 되다:

청교도 윤리 실천과 개척 정신

필그림 파더와 메이플라워호

102명의 순례 시조(필그림 파더)들은 자신들이 믿는 종교적 신앙과 삶을 살아가기 위해 미지의 땅으로 향하는 작은 상선에 몸을 실었다. 하지만 60여 일이 걸린 향해는 쉽지 않았다. 그들은 난생처음 이렇게 긴 시간 배를 타봤다. 만삭의 여인들은 파도에 출렁거리는 배 안에서 무거운 몸을 가눠야 했다. 그리고 달이 차자 배 안에서 출산을 하기도 했다. 마음속에 쉽지 않을 향해라는 것은 각오하고 왔지만 이렇게 힘들 줄 몰랐다. 난생처음 심한 뱃멀미도 힘들었지만, 무엇보다 과연 처녀의 땅 아메리카 대륙에 무사히 도착할 수 있을까 하는 염려가 마음을 짓눌렀다. 고단한 항해 때문에 항해 도중 건강이 나빠져 죽은 사람도 생겨났다. 이 드라마틱한 항해는 오늘날 초강대국 미국의 시작을 알린 역사적 항해였다.

순례 시조들은 왜 이렇게 목숨을 걸고 신대륙으로 험난한 항해를 했을까?

영국의 개신교도 중에 성경을 칼빈주의에 입각하여 해석하고 신앙적으로 살기 원했던 이들이 순례 시조였다. 이들은 탐욕이 없고 깨끗한 삶을 추구한다고 하여 청교도淸敎徒라고 불리었다. 청교도들은 성공회를 국교로 채택한 영국에서는 자유로운 신앙 활동이 어려웠다. 청교도는 장로교의 일파 중에서도 가장 엄격히 성경에서 말하는 삶을 추구하였는데 영국 국왕 제임스 1세가 장로교를 별로 좋아하지 않았다.

청교도들은 자신들이 원하는 신앙생활을 자유롭게 하길 원했다. 순례 시조들은 앞장서서 자유로운 신앙을 찾아 신대륙으로 이민을 결심했다. 이들이 처음부터 신대륙으로 이민을 하려고 했던 것은 아니다. 처음에는 네덜란드로 망명하였다. 그러나 태어나는 아이들이 영어를 못하고 네덜란드어를 하자 이들은 자녀의 교육을 위해 네덜란드를 떠나 다시 영국으로 되돌아왔다. 하지만, 영국에서는 여전히 자유로운 청교도 신앙 활동이 어려웠다.

이 당시 콜럼버스에 의해 발견된 신대륙에 대한 유럽 사람들의 관심이 서서히 일기 시작하였다. 때마침 아메리카 신대륙에 이주할 사람들을 찾는다는 런던회사의 광고를 보고 청교도들은 신대륙으로 이주를 결심하게 되었다. 런던회사와의 교섭이 성공적으로 이루어져 그 회사의 관할지 어디든 가서 그들만의 자치가 가능한 식민지를 건설할 수 있는 허가를 받았다. 런던회사의 관할지는 북아메리카 대륙 북위 41도부터 34도 사이였다. 드디어 1620년 7월 순례 시조 102명이 메이플라워호에 충분한 식량을 싣고 런던회사의 관할지를 향해 떠났다. 4개월의 힘든 항해를 마치고 그해 11월에 매사추세츠 케이프 코드에 상륙한 그들은 그곳을 자신들이 떠나온 항구의 이름을 기념하기 위해 플리머스라고 하였다. (케이프 코드는 북위 41.8도로 엄밀하게 하면 런던회사의 관할지가 아니다. 그 당시 측정술이 정확하지 않았기 때문에 춥고 배고픔에 지친 이민자들이 그곳에 정착한 것이다. 역사는 이렇게 만들어졌다!) 각오는 하였지만, 난생처음 접해보는 신대륙 정착은 그리 순탄하지 않았다. 그 해 첫 겨울을 보내는 동안 혹한과 기아와 질병이 겹쳐 이민자들의 반수가 죽었다. 이듬해 살아남은 사람 중에 건장한 남자들이 앞서서 숲속에 나무를 베어와 통나무 집을 만들었고 여자들은 열매를 채취해 와 식량을 마련하였다.

친절한 인디언들이 옥수수 씨앗을 가져와 이민자들에게 옥수수 농사짓는 법을 가르쳐주었다.

이렇게 여름을 보내고 1621년 11월, 메이플라워 이민자들은 신대륙에 정착한 지 1년째 되는 해에, 옥수수와 그 밖의 수확한 농작물을 모아 하나님께 감사하는 추수 감사 행사를 했다. 힘든 1년이었다. 살 집을 지어야 했고, 병과 싸워야 했으며 무엇보다 낯선 토양과 기후에서 농사해서 식량을 얻어야만 했다. 무엇 하나 쉬운 게 없었고 본국 영국에서의 안락한 생활에 비하면 힘들고 어려운 삶이었다. 하지만, 메이플라워 이민자들은 그 해 수확한 소출을 모아놓고 하나님께 감사를 드리고 자신들을 도와준 인디언들을 초대하여 축

〈초기 추수감사절〉
필그림파더와 아메리카 원주민

제를 열고 음식을 나눠 먹었다. 닭은 없더라도 칠면조로 고기를 먹고 수확한 호박과 옥수수로 기쁘게 먹고 마시며 감사 축제를 했다.

　이것이 바로 미국에만 있는 독특한 명절인 추수감사절이다. 초대 대통령 조지 워싱턴은 11월 26일을 추수감사절을 국경일로 정했는데, 오늘날과 같이 11월 넷째 주 목요일로 정해진 것은 프랭클린 루스벨트 대통령 때이다. 추수감사절은 일 년 중 미국인들에게 제일 중요한 명절로 다가온다. 부모님이 계신 고향으로 가기 위해 공항의 비행기는 전부 만석이고 고속도로는 차로 완전히 뒤덮여 버린다.

대부분의 회사도 금요일까지 휴무로 지정하며 대학교에서도 교수들이 학생들의 귀성길을 돕기 위해 추수감사절 전날은 강의를 안하고 일찍 집으로 가라고 배려를 해 준다. 수요일 저녁부터 미국의 모든 주택가에서는 음식 냄새가 풍겨 나온다. 마치 우리나라 추석 명절 때 집마다 전을 부쳐 전 냄새가 아파트 전체에 가득 나는 것과 매우 비슷하다. 필자가 미국에 있을 때 추수감사절에 주택가 거리마다 칠면조와 빵 굽는 냄새로 진동을 했던 기억이 아직도 생생히 남아 있다.

미국인 가정의 초대를 받아 추수감사절 음식을 먹은 적이 있는데, 칠면조와 더불어, 호박파이, 크랜베리 소스, 으깬 감자를 먹은 기억이 있다. 이 요리들은 순례 시조부터 먹었던 추수감사절 전통 음식이어서 오늘날까지도 추수감사절에 빠짐없이 식탁 위에 오른다. 으깬 감자에는 다양한 소스를 넣어서 안주인들의 요리 솜씨를 뽐내기도 한다.

농작물을 수확하고 겨울이 시작되는 11월 말에 온 가족이 모여 앉아 여러 가지 음식을 나누어 먹는 추수감사절은 미국의 초기 정신을 가진 가장 미국다운 명절이다. 신대륙으로의 이민을 기억하고 자신의 선조들이 고생에도 불구하고 농사로 소출을 얻은 것을 감사하는 것을 온 가족과 함께 기념하는 날이다.

메이플라워호 이민자들의 추수 감사는 풍족한 가운데 나온 감사가 아니었다. 아무리 농사를 지었다고 한들 본국 영국에서 했던 농사보다 잘되었을 리는 만무했다. 부족한 환경과 역경 가운데 얻은 수확에 대한 감사였다. 이는 미국인들에게 감사에 대한 독특한 자세를 가르치고 있다. 감사는 남과 비교하여서 하는 것이 아니라 현재의 문제를 해결하였을 때 나오는 절대적인 마음에서 우러나오는 것이다. 추수감사절은 오늘날 미국인들의 삶에서 도전과 감사에 대한 태도에 큰 영향을 주고 있다. 다른 사람과의 상대적 비교에 익숙하여 진정한 감사의 의미를 잃어버린 오늘날의 한국인들도 추수감사절의 참된 정신만큼은 배우면 좋겠다.

미합중국 설립

메이플라워호에 탑승한 순례 시조들이 아메리카 대륙에 제일 먼저 세운 건물은 무엇일까? 바로 교회였다. 이는 매우 놀라운 일이다. 교회는 먹고 사는데 필요한 곳이라 할 수 없기 때문이다. 이민의 목적이 칼빈주의에 입각한 청교도의 순수한 신앙생활이었으니 가능한 일이었다.

종교를 통한 도덕률 교육은 영향력이 가장 세다. 종교는 인간의 내면에 작용하기 때문이다. 메이플라워호 이민자들은 미국에 도착한 후 가장 먼저 교회를 세웠다. 이것은 미국의 전통으로 자리 잡았고, 미국인들은 마을을 만들 때마다 교회를 먼저 세웠다. 이러한 미국인들의 전통은 미국 사람들이 동시대 다른 국가의 국민에 비하여 도덕률이 높아지는 것에 결정적 이바지를 했다고 할 수 있다.

기독교의 대표적 교리가 "네 이웃을 내 몸같이 사랑하라"라면 초기 미국 사람들은 교회에 갈 때마다 좋으나 싫으나 이 말을 반복해서 들을 수밖에 없었다. 반복해서 듣는 것은 사람의 행동에 영향을 미치게 마련이다.

순례 시조들은 메이플라워호 안에서 서약한 '메이플라워 언약 Mayflower Compact'에 따라 스스로 공동 정치체를 만들고 필요한 법률과 공직을 제정하여 식민지를 건설해 나갔다. 시간이 지남에 따라 식민지 영토가 확대되어 미시시피강까지 이르게 되자 확대된 지역의 영토를 어떻게 통치하느냐를 놓고 식민지 주민들과 영국의 충돌이 잦아지게 되었다.

영국의 간섭이 심해지자 견디기 힘들었던 식민지 주민들은 영국으로부터 독립하여 새로운 국가를 설립할 기회를 엿보고 있었다. 그 도화선은 1773년 5월에 제정된 차세법이었다. 이 법으로 인해 식민지인들은 전보다 차를 비싸게 사 먹어야 했으므로 차상인 뿐만 아니라 식민지인 전체의 분노를 샀다.

차세법에 따른 피해도 있었지만, 무엇보다 법 제정의 논리는 더더욱 받아들이기가 힘들었다. 차세법에서처럼 특정 회사에 특정 상품의 판매독점권을 주는 영국의 입법 행위가 계속된다면 식민지인들의 경제적 자유를 위험에 빠뜨리게 할 수 있음이 자명했기 때문이다.

독립을 결심한 식민지인들은 드디어 그해 12월 16일, 새뮤얼 애덤스의 지휘하에 인디언으로 변장하고 정박 중인 차 수송선을 습격하여 342상자의 차를 바닷속에 던져버렸다. 이렇게 미국 독립전쟁은 시작되었다!

8년간 영국을 상대로 용맹하게 싸운 식민지인들은 마침내 1783년 영국 정부로부터 독립을 승인받고 국가를 설립하였다. 그야말로 가슴이 웅장해졌다. 이제 그들은 식민지인에서 미국인이 되었다. 미국의 지도자들이 모여 오랜 논의 끝에 제헌의회를 만들고 미국의 건국 정신을 담은 헌법을 제정하였다.

미국 헌법은 세계 최초로 삼권분립을 완성하여 공식화했다. 미국은 로마가 집정관, 원로원, 민회로 나눈 국가 권력의 분점을 몽테스큐의 이론을 바탕으로 행정부, 입법부, 사법부로 나누어 현대적 삼권분립을 완성하여 적용한 최초의 국가이다.

삼권분립과 더불어 미국 헌법의 중요한 특징을 소개하면, "우리 연합한 나라의 국민은 더욱 완전한 연방을 형성하고 정의를 확립하고 국내의 안녕을 보장하고 공동의 방위를 도모하고 국민의 복지를 증진하고 우리와 우리의 후손에게 자유와 축복을 확보할 목적으로 미국을 위해 이 헌법을 제정한다."라고 되어 있다.

헌법의 목적이 '자유와 축복'을 확보하기 위해 제정한다고 분명히 강조하고 있다.

이 점이 매우 독특하고 중요하다. 자유의 증진은 미국뿐만 아니라 페르시아, 로마, 영국으로부터 이어오는 강대국의 전통이다. 이들 국가는 한결같이 국가 권력이나 귀족들이 임의로 국민의 자유를 구속하지 못하도록 했다. 미국은 영국의 후손들이 만든 나라답게 자유는 인간의 근본적 존엄성으로 부당하게 침해할 수 없다는 점을

1787년 9월에 39명 제헌회의 대표들이 필라델피아 회관에서 헌법 초안에 서명하였다.

확실하게 밝히고 헌법의 가장 중요한 정신으로 삼았다. 또 한 가지 특징은 축복을 확보할 목적이라고 하고 있는데, 미국 헌법에만 있는 독특한 조항이다. 순례 시조 후손들은 미국을 축복의 땅으로 만들기 위해 노력하였다. 미국이 건국된 지 250년이 채 안 되어 오늘날 세계에서 가장 부강한 최강대국이 되었으니 그들의 노력과 바람이 이루어진 것이라고 할 수 있겠다.

이쯤에서 미국과 중남미를 비교해 보고 싶다. 둘 다 신대륙에 설립한 이민 국가라는 공통점이 있기 때문이다. 영국의 청교도들이 북아메리카에 이주하기보다 대략 100년가량 앞서 스페인인들이 중남미에 이주하여 그곳을 개척하였다. 스페인인들의 이민은 상업적 목적이었는데, 중남미에 금과 은이 많이 매장되어 있다는 소문이 유럽에 퍼졌기 때문이다. 또한, 사탕수수를 재배하여 돈을 벌기 위한 목적도 있었다. 스페인인들은 광물 채굴과 사탕수수 플랜테이션을 위한 노동력을 공급받기 위해 아프리카에서 노예를 대규모로 수입하여 중남미에 이주시켰다.

앞서 얘기했듯이 미국의 이민 목적은 이와는 달리 청교도들의 자유로운 신앙생활을 위해서였다. 북미와 중남미 이민자들의 이민 목적이 이처럼 상이하게 달랐다. 오해하지 말 것은 중남미처럼 상업과 금은 채취 그리고 대규모 플랜테이션을 위한 이민이 나쁘다는 뜻은 결코 아니다. 다만, 이민의 목적이 처음부터 달랐기 때문에 북미 이민자들이 중남미 이민자들보다 더 높은 도덕률을 가지고 있었다는 점은 분명하다. 이민자들의 도덕률은 후손들에게 교육되어 가르쳐졌다. 이민자들의 후손들이 도덕적으로 앞선 사회를 구현하기에는 미국이 중남미 국가들보다 사회 구조적으로 더 쉬울 수밖에 없었던 것이다.

도덕률의 차이는 세월이 지나 나중에 엄청난 차이를 만들어냈다. 미국은 오늘날 세계를 이끄는 최강대국이 되었고, 중남미는 세계에서 가장 가난하고 빈부 차이가 극심한 국가가 되었다. 사실, 땅 자체는 남미가 북미보다 농사가 더 잘 되고 기름진 땅이다. 북미와

남미는 도덕률의 차이가 국력의 차이를 만든다는 점을 가장 정확하고 생생하게 보여주는 예라고 할 수 있다.

남북전쟁, 분열과 시련

요즘 스마트폰 메신저로 주고받는 인사말로 흔한 것이 '꽃길만 걸으세요'라는 문자다. 이런 문자로 인사를 나누는 것은 누구나 꽃길만 걷길 바라기 때문이 아닐까 한다. 꽃길만 걸어 본 사람이 있을 수는 있겠지만, 국가의 역사에 꽃길만 걸은 나라는 없다는 점을 우리는 알아야 한다.

짧은 미국 역사도 꽃길만 있었던 것은 아니었다. 건국 후 순항하던 미국에 커다란 시련이 찾아왔다. 오랫동안 누적되어 온 북부와 남부의 분열과 갈등이 원인이었다. 당시 미국의 내부 갈등에 대해서 이해하고 미국인들이 이런 시련을 어떻게 극복하고 다시 일어섰는지 아는 것이 중요하기 때문에 좀 길더라도 미국 사회의 갈등과 대립에 대해서 자세히 이야기하고자 한다.

미국 사회의 대립은 1820년 미주리주 성립 문제를 둘러싸고 처음으로 정치문제로 등장하였다. 당시 노예제도를 인정하지 않는 자유주와 노예제도를 인정하는 노예주는 각각 11개로 균형을 이루고 있었는데 만일 미주리가 노예주로 연방에 가입하면 자유주와 노예주의 균형이 깨질 수 있었기 때문이다. 결국, 2년 뒤에 타협이 이루어져 1820년 뉴잉글랜드 지방 북쪽에 있는 메인주를 자유주로 성립시키는 대신 미주리주는 노예주로 연방에 가입하도록 하였는데 이것을 '미주리 타협'이라고 한다. 미주리 타협은 미국 갈등을 알리는 서막에 불과하였다.

미국은 서부의 발전으로 국토가 북동부, 북서부, 남부의 세 개 섹션으로 재편성되어갔다.

1820년대에 이러한 세 지역은 각 지역의 경제적 이해를 중심으로 지역 간의 대립이 나타나게 되었다. 자유주 지역인 북동부와 북서부는 경제적으로 상호 의존도를 높여 북부라는 하나의 지역으로 단일화되어서 갔고, 노예주 지역인 남부는 별도로 대외수출용 면화 생산지로 독자적으로 발전해갔다. 그래서 북부와 남부로 귀결되는 이 두 섹션 간의 대립은 1830년대 이후 더욱더 날카롭게 나타났다. 이런 상황에서 캘리포니아가 자유주로 연방 가입을 요청하자 남부는 크게 분노하였다. 더욱이 캘리포니아는 경제적으로 부유한 큰 지역이었다. 남부는 노예제도를 금지하는 주의 성립을 보느니 차라리 연방에서 탈퇴하겠다고 으름장을 놓았다.

위기에 당면하자 헨리 클레이는 타협안을 만들어 1850년 1월 상원에 상정하였는데, 그 내용은 첫째, 캘리포니아를 자유주로 인정하고 둘째, 뉴멕시코 지역은 뉴멕시코와 유타 두 영지로 나누고 노예제도의 인정 여부는 주민 의사에 따라 다음에 결정하며 셋째, 남부에서 북부로 도망친 노예에 대한 체포와 단속을 강화한다는 것이었다.

1850년 타협안에도 불구하고 남북 대립이 오히려 격화되자

1854년 연방정부는 스티븐 더글러스Stephen A. Douglas에 의해 캔자스-네브래스카 법을 제정하였다. 이 법은 1820년 합의했던 미주리 타협을 사실상 무효라는 것이어서 오히려 갈등을 부채질하였다. 북부는 캔자스-네브래스카 법이 자유주를 제압하려는 남부 노예주의 음모라며 이 법을 규탄하였다.

북부의 이와 같은 반대는 미국 정계를 재편하는 신당 운동으로 이어졌는데, 북부의 여러 곳에서 법안에 반대하는 휘그당원과 민주당원이 연합하여 신당 조직 운동을 벌이기 시작하여 캔자스-네브래스카 법의 폐지, 노예제도 확장의 반대를 주요 정강으로 내걸었다. 이 당이 오늘날 미국 공화당이다. 공화당은 시작부터 노예해방을 위하여 창당된 당인데, 아이러니하게도 현재 미국 흑인들은 공화당보다 민주당을 지지하는 성향이 더 강하다.

한편 주민 의사에 따라 주의 성격을 결정한다는 것이 언뜻 보기에는 매우 민주적인 해결 방식인 것 같지만 당시 미국의 정치 사회적 상황에서 보면 굉장히 실현하기 어려웠다. 왜냐하면, 남부와 북부에서 각자의 지지세력을 상당수 미리 입주시켜 자신들의 뜻에 맞는 주를 성립하려는 사전 공작을 하였기 때문이다. 캔자스에서는 주의회를 구성하는 일조차 어려웠고, 양 파 사이에 유혈 사태가 발생기도 했다.

사태는 점점 더 악화하여 1861년 남부의 영수 격인 사우스캐롤라이나주는 더는 연방에 머물러 있는 것이 무의미하다고 판단하고 연방 탈퇴를 선언하였고, 그 뒤를 이어 플로리다, 앨라배마, 조지아,

루이지애나, 텍사스가 연방을 탈퇴하였다. 이들 7주는 1861년 2월 앨라배마의 몽고메리에 모여 남부연합을 만들고 대통령으로 미시시피주 출신의 제퍼슨 데이비스Jefferson Davis를 선출하였다.

남부 7주가 연방을 탈퇴하자 연방의 상·하원에서는 타협책이 모색되었지만 아무런 결실을 보지 못하였다. 이미 정치적으로 갈라질 대로 갈라섰기 때문이다. 퇴임을 앞둔 뷰캐넌 대통령은 남부의 탈퇴를 비난하였지만 무기력하게 사태를 관망할 수밖에 없었다. 결국, 연방의 분열이라는 최악의 사태를 해결하는 문제는 새로 당선된 링컨에게 맡겨지게 되었다. 링컨이 미국 대통령에 취임한 1861년 3월에는 이미 개전 시기의 문제였을 뿐 남북전쟁 발발은 누구도 부정할 수 없는 기정사실처럼 되었다.

북부는 모든 면에서 남부보다 앞선 경제력을 가지고 있었다. 북부는 23주에 인구가 2,200만 명이었으나 남부는 11주에 900만 명이었다. 공업 생산력에서는 북부가 9억 5천만 달러였는데 비해 남부는 고작 1억 달러에 불과하였다. 그러나 경제력 차이에도 불구하고 남부에 유리한 점이 있었다. 전쟁이 남부 입장에서는 국토방위의 성격을 띠고 있어서 공세보다는 수세에 치중하면서 연방 탈퇴를 승인시키면 전쟁목적을 달성할 수 있었지만, 북부는 탈퇴한 남부를 연방에 복귀시켜야 했고 그러려면 남부를 정복하고 굴복시켜야 했다.

공통된 것은 전쟁이 일어나자 북부도 남부도 전쟁이 단기간에 끝날 것으로 예상했다는 점이다. 이런 예상은 보기 좋게 빗나가서 전쟁은 무려 4년이나 지속한 장기전으로 이어졌다. 남북 모두 병역

자원이 부족하여 3년 복무의 징병제를 시행하였다. 이는 수많은 전사자를 의미하였다. 전쟁 중 북부는 289만 명, 남부는 130만의 병력을 각각 동원했는데 지루하고 치열한 전투로 인하여 총 62만 명의 전사자가 발생하였다. 이는 제1차, 제2차 세계대전과 한국전쟁에서 미군이 전사한 수를 합친 것보다 더 많은 수였다.

남북전쟁은 미국인들에게 큰 충격과 엄청난 시련을 가져다준 전쟁이었는데, 무엇보다 같은 개척자 정신으로 함께 나라를 건국한 미국인들끼리 서로 죽고 죽이는 전쟁을 해야 했기 때문이었다. 이런 갈등과 전쟁 속에서 미국의 행운은 링컨과 같은 뛰어난 정치 지도자를 만난 것이었다. 사실, 경제력과 인구 등 모든 능력 면에서 북부가 남부보다 앞섰기 때문에 전쟁에서 북부가 이길 수는 있었다. 하지만, 문제는 전쟁에서 이긴다고 전쟁의 목적을 달성할 수 있다고는 장담할 수 없는 상황이었다.

연방을 유지하느냐 마냐의 문제는 사실 총과 칼만으로는 달성할 수 없는 것이었다. 남북전쟁 당시 34개 주가 있었는데 각 주는 헌법에 따라 독립적인 권한을 갖는 준국가로 대우를 받았기 때문에 서로 이해관계가 복잡한 모든 주를 총과 칼로 다스릴 수는 없었기 때문이다. 이것은 불가능했다.

링컨이 미국 사회에서 가장 위대한 대통령으로 추앙받는 이유는 전쟁 자체를 이겼기 때문이 아니라 전쟁의 목적을 달성했기 때문이다. 이는 전쟁 자체도 이겨야 하지만 동시에 남부 사람들의 마음도 얻어야만 가능한 것이었다.

남북전쟁 4년 동안 링컨은 전쟁의 승리를 위해 뛰어난 리더십을 발휘했으며 항상 전쟁의 목적을 염두에 두고 신중하고 지혜롭게 전쟁을 지휘하였다. 마침내 전쟁이 끝났을 때 링컨은 남부의 포로 병사들을 아무런 조건 없이 석방하여 고향으로 돌아가게 했다. 하지만, 북부에 엄청난 사상자가 발생한 전쟁이었기 때문에 적어도 남부의 지휘관과 장교들만은 처벌을 면하기 어려울 것으로 예상하였는데 링컨은 이들에게도 죄를 묻지 않고 모두 집으로 돌려보냈다. 그뿐만이 아니었다. 링컨은 남부의 총사령관 리 장군을 국방부 장관에 임명하여 모두를 놀라게 했다. 링컨이 이런 포용력을 발휘한 것은 개인적 감정에서 나온 것이 아니라 갈라진 국가를 하나로 통합하기 위한 결단에서 나온 행동이었다.

링컨은 성실과 인내, 특유의 관용과 결단력을 겸비한 인물이었다. 미국이라는 신생 국가가 내부 갈등이 최고조에 다다랐을 때 링컨이라는 걸출한 지도자를 만난 것은 미국에 굉장한 행운이었다. 강대국으로 발전하는 데에는 이런 뛰어난 지도자를 만나야 하는 행운도 필요한 것 같다.

개척정신 그리고 혁신주의

미국을 가장 미국답게 하는 정신이 있다. 토인비의 말대로 역사는 도전과 응전이라면 새로운 환경을 대하는 사람들에게는 두 가지 태도가 있다. 첫째는 무서워하고, 도전하지 않고 순응하는 태도이고, 둘째는 호기심으로 가득 차서 적극적으로 개척하고 새로운 길을 찾아 나가는 것이다.

신대륙 개척은 한 마디로 대자연의 도전에 대한 응전이었다. 이민 초기 대서양 동부 연안에 식민지를 건설한 순례 시조의 후예들은 점점 서부로 진출하게 되었다. 서부로의 이주와 개척은 결코 쉬운 일이 아니었다. 서부에 이주한 사람들은 도끼로 처녀림을 개간해야 했고 때로는 라이플총으로 무법자와 싸우기도 했다.

광활한 대지를 개척하기 위해서는 모험심과 개척정신이 필요했다. 이 개척정신이 바로 미국을 다른 국가와 구별되게 만든 중요한 요인이었다. 개척정신을 영어로 프런티어 정신이라고 하는데 영어에 충실하게 번역을 하면 '남보다 앞서서 헤쳐나간다'는 의미이다. 그래서일까? 미국인들은 건국 당시부터 개척정신을 장려했고 지금도 여전히 문화적으로 그렇다. 미국만큼 개척정신을 강조하는 나라는 없다. 미국의 개척정신은 다른 나라와 비교할 수 없는 혁신적인 기업을 만드는 문화적 원동력이 되고 있다. 미국 기술 스타트업의 상장 거래소인 나스닥에서 시가총액 상위 5개 업체 중에 Google, Amazon, Tesla는 설립된 지 30년도 채 되지 않은 회사들이다. 이들 회사는 짧은 시간 동안 왕성한 개척정신으로 세계 최고의 회사들이 되었다.

순례 시조 후예들이 매우 중요하게 생각하고 장려한 사항이 한 가지 더 있다.

바로 혁신이다.

라이트형제가 1903년 12월 노스캐롤라이나에서 세계 첫번째 비행기 시험에 성공
하였다.

미국은 헌법에 특허권을 명기할 정도로 건국 초기부터 혁신을
추구하고 장려하였는데, 헌법에 특허권이 명기된 나라는 전 세계에
미국밖에 없다. 특허제도가 개인의 창의를 증진하고 혁신을 불러일
으켜 나라를 부유하게 만든다는 것을 영국에서 보고 배운 순례 시
조의 후예들은 한발 더 나아가 건국 직후 아예 헌법에 특허권을 보
장했다. 그 결과, 불과 100년 안에 농경 기계, 전등, 영화, 타자기, 전
화 등의 혁신적 발명이 미국에서 쏟아져 나왔고 라이트형제에 의해
1903년 전 세계에서 가장 먼저 비행기를 발명한 나라가 되었다.

산업혁명이 영국에서 일어났듯이 왕성한 혁신이 일어나는 국가
들의 공통점이 있다. 자유를 증진하는 국가라는 점이다. 왜일까? 혁

신은 자유를 원료로 하여 피어나는 불꽃과 같기 때문이다. 자유를 다룰 때 분명히 조심해야 할 것이 있다. 자유는 고삐 풀린 망아지와 같아서 도덕성에 의해 제어될 때 지속하며 제 역할을 다 할 수 있다는 점이다. 자유와 도덕성은 마치 천체에 작용하는 중력과 원심력 같이 서로를 견제한다. 동시에 서로를 필요로 한다. 자유와 도덕성을 모두 갖춘 나라가 지속해서 혁신을 이루고 경제 성장을 하는 이유이다.

남북전쟁 이후 미국경제는 역사가의 말을 빌린다면 '통계학을 놀라게 할 속도'로 비약적으로 발전하였다. 미국은 1865년부터 1895년까지 30년 동안 미국 역사상뿐만 아니라 세계 역사상 전무후무한 기록적인 경제 성장률을 기록하였다. 우리나라가 1961년부터 1981년까지 한강의 기적을 만든 20년동안의 연평균 경제 성장률은 대략 10퍼센트 정도였고, 독일의 라인강의 기적도 1950년대 8퍼센트의 성장률을 기록한 것이 정점이었다. 남북전쟁이 끝난 후 30년 동안 미국의 경제 성장률은 무려 연평균 15퍼센트였으니 세계사에서 전무후무하다.

미국은 후진국이라는 인식이 19세기 유럽인들 사이에 공통된 인식이었지만, 폭발적인 경제 성장을 기록한 미국은 1895년에 이미 유럽 전체의 경제 규모를 앞서게 되었다. 이때부터 유럽인들은 미국을 완전히 다른 눈으로 보기 시작했으며, 자신들을 넘어서는 경제 대국이 된 미국을 놀랍게 바라봤다.

고립주의 채택, 유럽과 다른 길

앞장에서 얘기했듯이 유럽은 19세기 후반 치열한 제국주의의 길로 나아갔다. 이 시대의 유럽을 유럽 열강이라 부른다. '열강列强'이라는 뜻은 힘 있는 나라가 나열되어 있다는 뜻인데, 19세기 후반 유럽의 제국주의 국가를 의미하는 말로 쓰인다. 유럽 열강들이 자원 확보와 정치적 영향력을 강화하기 위해 세계 곳곳을 자신의 안방처럼 휘젓고 다니며 식민지로 삼는 제국주의로 나아갈 때, 미국은 이를 철저히 경원시하였다. 1890년 미국의 국력이 유럽을 이미 앞질렀지만 마찬가지였다.

미국은 왜 그랬을까?

먼로주의 정책을 충실히 따랐기 때문이다. 먼로주의란 미국 5대 대통령 제임스 먼로가 천명한 미국의 고립주의 외교 노선인데, 아메리카 대륙을 더는 유럽 열강의 식민 대상지로 생각해서는 안 된다는 것과 미국은 유럽 내부의 싸움에는 관여하지 않겠다는 것이 주요 골자다. 먼로주의에 따라 미국은 고립주의 정책을 고수했다.

미국은 먼로주의 선언에 따라 아메리카에 대해서 다시는 식민지로 삼지 말라고 유럽에 요구하였다. 그리고, 그 선언에 따라 미국은 지구상 어떤 나라도 식민지로 삼지 않으려고 했다. 그 당시 유럽은 전 세계를 휘젓고 다니면서 식민지로부터 나올 경제적 이익을 획득하기 위해 다른 문명의 국가들을 쉽게 쇼핑하듯이 마구 집어삼켰는데, 미국이라고 왜 그러고 싶지 않았을까? 미국도 잠깐 그런 적이 있다. 필리핀에 주둔한 적이 있었기 때문이다. 하지만, 의회에서

먼로대통령은 아메리카대륙은 자유와 독립의 원칙에 따라 유럽의 어느 강대국도 미래의 식민지화 대상으로 간주할 수 없다고 선언하였다.

장차 미국의 주로 성립할 가능성이 없는 해외 영토를 차지하는 것은 헌법에 어긋난다고 지적하자 바로 철수해 버렸다. 행정부가 해외 식민지를 획득하려고 해도 의회에서 단호히 반대했던 것이다.

1980년대 우리나라에서 대학생들이 시위할 때 흔히 사용한 문구가 '미 제국주의 타도'였다. 만약, 19세기 후반이었다면 미국을 상대로 그런 말을 할 수는 없었을 것이다. 미국은 유럽과 다르게 제국주의로 나아가는 것을 방지하기 위해 스스로 엄격했기 때문이다. 당시 미국이 중국을 대하는 태도도 유럽과 달랐다. 중국에서 의화단 사건이 터지자 유럽 열강들은 군대를 파견하여 사건을 진압하였는데 이때 유럽 열강이 중국을 분할할 우려가 있었다. 미국은 적극적으로 중국의 분할을 방지하고 배상금 지급으로 사건을 마무리 짓도록 주선하였다. 미국도 2,500만 달러의 배상금을 중국으로부터 받았지만, 미국은 미국민이 사적으로 입은 손실에 대한 배상금을 지급한 뒤에 잔액인 1,000만 달러를 중국에 반환했다. 지금과 다른 미국과 중국의 관계를 생각해보면 놀랍다.

당시 미국이 세계 각국의 문화를 존중하고 유럽 열강들의 길을 걷지 않고 식민지 획득을 자제했다는 점은 매우 탁월한 선택이었다. 이는 미국의 도덕적 우월성으로 연결되어 제1차 세계대전 후에 미국이 세계 최강대국으로서 지도력을 발휘하는 국가로 등장하도록 길을 만들어 주었다. 먼로주의가 미국을 제국주의로 가는 길을 막았으니 미국인들은 선견지명을 가진 먼로 대통령에게 감사해야 하겠다. 두 번에 걸친 세계대전에서 유럽 열강들은 대부분의 식민지를 토해냈지만, 미국만은 그러지 않았다. 식민지를 가지고 있지 않기 때문이다.

혹자는 괌과 사이판은 무엇이냐고 반문할 수 있을 것 같다. 태평양 위의 이 두 섬은 원래 스페인령이었는데 제2차 세계대전 때 일본이 점령하고 있다가 미군이 일본군을 몰아냈다. 괌과 사이판 주민들이 워낙 일본군에 시달렸기 때문에 미군의 점령을 환영해서 괌은 1950년에 미국의 헌법령이 되었고 사이판은 1986년에 유엔의 보호 통치를 끝내고 미국령이 되었다. 이처럼 유럽 열강의 식민지 쟁탈과는 처음부터 상황이 완전히 다른 경우라 할 수 있다.

부의 탄생, 자유 경쟁을 향한 증진

공업화의 결과로 대부호가 많이 나타난 것도 19세기 미국의 큰 특색이다. 그중에 가장 유명한 인물로 석유의 록펠러, 철강의 카네기, 금융의 모건 및 철도의 밴더빌트Vanderbilt 등이 있다. 록펠러 John D. Rockefeller는 약을 팔던 행상인의 아들로 농산물 중개인이었고, 앤드루 카네기Andrew Carnegie는 가난한 스코틀랜드계 이민자의 아들로 13세에 방직공으로 사회생활을 시작하였다. 유니언 퍼서픽의 에드워드 해리먼Edward H. Harriman은 뉴욕 금융가에서 사환으로 일하였고, 센트럴 퍼시픽 철도의 콜리스 헌팅턴Collis P. Huntington은 행상인이었으며, 식품 가공업의 필립 아머Philip D. Armour는 빈농의 아들이었다. 이에 비해 금융의 존 모건John P. Morgan은 독일에서 대학을 다니다 영국 모건 회사에서 미국으로 파견되어 사업을 확충하여 억만장자가 된 경우다.

석유왕 록펠러와 강철왕 카네기는 사업에서 은퇴한 뒤 막대한 재산을 자선사업에 기부한 것으로 유명하다. 이들은 전 재산의 대부분을 사회에 기부하였는데, '돈은 최선을 다해서 벌어라. 그러나 쓸 때는 귀족처럼 써라'라는 미국의 격언을 실천에 옮긴 사람들이

〈카네기와 록펠러〉
철강왕 카네기는 현재가치로 약 3300억달러, 석유왕 록펠러는 4090억달러의 재산
을 가졌고 거의 전부를 사회에 기부했다. 세계 최대 석유기업 엑슨모빌은 그가 세
운 스탠더드 오일에 기원을 두고 있다.

다. 미국의 마을마다 있는 도서관은 카네기의 기부금으로 설립되었
으며, 록펠러는 전 세계에 병원을 설립하는데 막대한 재산을 기부
하였고, 모건은 뉴욕의 메트로폴리탄 박물관 건립에 막대한 기부를
하였다. 록펠러에 대한 일화가 있다. 록펠러가 중국 베이징 여행 도
중에 콜레라에 걸려서 베이징 록펠러 병원에 입원하여 치료를 받
았는데, 그는 이때 자신의 돈이 전 세계 병원을 건립하는 데 쓰이고
있다는 것을 알았다고 한다.

　　미국 이외 다른 국가에서 억만장자들이 자신이 일군 재산의 거
의 전부를 사회에 기부했다는 얘기는 흔치 않다. 미국은 노력과 혁

신만 있으면 누구든지 억만장자가 될 수 있는 나라이지만 동시에 전 세계에서 가장 많은 억만장자 기부자가 있는 나라이기도 하다. 우리에게 진정한 자본주의란 무엇인가 생각하게 만드는 대목이다.

자본주의는 완벽할까? 아니다. 이 세상에 완벽한 제도란 없듯이 자본주의도 예외가 아니다. 영국에서 시작되어 미국에서 고도로 발달한 자본주의의 발전에는 역사적 부침이 있었고 앞으로도 있을 것이라고 본다.

자본주의에 대한 첫 번째 도전은 19세기 후반에 등장한 독점형태의 출현이었다. 처음에는 독점의 형성이 자본의 효율화 측면에서 어느 정도 도움이 되는 면이 있었다. 대표적인 경우가 철도회사의 인수합병이었다. 1867년 뉴욕 센트럴 철도로부터 시작하여 1894년 펜실베이니아 철도에 이르기까지 무수한 철도회사가 몇 개의 계열회사로 통합되어 나가면서 난립한 철도회사를 구조 조정하여 효율화를 높이는데 일정 부문 기여를 했다. 그러나, 철도를 넘어 점점 석유, 강철, 설탕, 연초 등으로 번져 나가면서 시장을 왜곡하는 부작용이 나타나기 시작했다. 독점으로 인해 경쟁자가 사라지니 가격이 오르고 서비스가 형편없이 나빠지는 것이었다. 독점의 폐해였다.

당시 미국 정부는 경제적 방임주의 정책으로 법에 저촉하지 않는 한 기업활동에 일절 간섭하지 않았다. 하지만, 정부가 손을 놓을 만큼 문제가 그리 단순하지 않았다. 자유에서 나온 결과가 시장의 자유를 방해하고 있다면 어떻게 해야 하느냐는 문제에 부딪히게 된 것이다. 이는 어려운 문제였지만, 독점이 자유 경쟁을 인정하는 경제 활동의 소산이라 하더라도 모체인 자유 경쟁 자체를 파괴하는 형태로 나타나면 자유 경쟁을 지키기 위해 독점을 제한할 필요성이 분명히 있었다.

1890년 미국 정부는 '셔먼 반트러스트법'을 제정해서 독과점 형성을 방지했다. 자유 경쟁이 시장의 필수요건이기 때문에 무엇인가 왜곡되어 자유 경쟁이 일어나지 못한다면 정부가 개입을 할 수 있었다. 정부는 어디까지나 자유 경쟁이 다시 원활하게 작동하기 위한 최소한의 목표를 가지고 개입했다. 그 범위를 넘어서는 시장 개입은 절대로 해서는 안 된다. 이것이 미국의 자유 시장 경쟁의 원리이다.

오늘날도 미국 법무부의 제일 중요한 업무는 반독과점을 기소하고 해소하는 업무이다. 원활하게 작동하는 시장이 국가와 국민을 부유하게 만들어 주기 때문이다. 독점을 해소한 미국은 1920년대를 영원한 번영의 시대라고 할 만큼 최고의 번영을 누렸는데 당시 미국인의 생활 수준은 세계 어떤 나라도 따라올 수 없을 만큼 높았다. 지금도 미국인의 생활 수준은 여전히 높지만 다른 국가와의 상대적 비교에서 그 당시가 훨씬 더 높았다.

그다음 자본주의에 항상 따라오는 문제가 무엇일까? 바로 노동 문제이다. 미국이라고 노동문제가 없었을까? 워싱턴 D.C.에 있는 스미스소니언 박물관에 가면 19세기 후반 시기의 전시물로 수레바퀴에 달린 기관총이 전시되어 있다. 박물관에 왜 기관총이 전시되어 있을까 생각하지만, 안내표지판을 읽으면 그 이유를 알게 되는

데, 공장주가 노동자들의 시위와 습격으로부터 공장을 지키기 위해 사용한 무기라고 한다. 아무리 총기 사용이 가능한 나라라고 하지만 공장주가 노동자들을 대상으로 기관총을 사용하다니 시위와 갈등이 얼마나 심했는지 알 수 있다.

미국은 농업에서 공업으로 산업이 발전하면서 노동법에 대한 제도가 없었다. 그도 그럴 것이, 공장주도 수요를 맞추기 위해 최대한 공장을 가동해야만 했고 노동자들도 여기에 따라서 기계처럼 일해야만 했기 때문이다. 이 당시 미국의 철강 노동자들은 심지어 하루에 14시간 일하는 게 일반적이었다고 한다. 이렇게 장시간 일하다 보니 공장에서 안전사고가 자주 일어났고 이에 분노한 노동자들의 시위와 폭동으로 이어졌다.

기업가와 노동자 간에 이렇게 극심한 갈등이 있었는데 왜 미국은 공산화가 되지 않았을까?

이는 노동자들을 포함한 미국 국민이 자유 시장경제 체제의 자본주의를 더 지지했기 때문이다. 인간이 만든 제도에는 예외 없이 결점이 있으며 자본주의가 결점이 있음에도 불구하고 자유를 억압하는 공산주의보다 사회 전체에 더 풍요를 가져다준다는 것을 미국인들이 굳건히 믿었기 때문이다. 사회 체제를 지키는 데에는 국민의 믿음과 신뢰가 가장 중요하다. 미국인들은 자유를 기반으로 하는 경제 사회를 굳건히 지지한다. 이것이 미국을 세계 최고 경제 대국으로 만들고 유지하는 비결임은 두말할 필요도 없다.

패하지 않는 전쟁

로마 제국에서도 얘기했지만, 강대국으로 성장하기 위해서는 전쟁에서 패배하면 안 된다. 전쟁에서 진 나라는 결코 강대국이 될 수 없다. 미국도 예외가 아니다. 미국은 지금까지 건국 이후 베트남 전쟁 전까지 전쟁에서 패배한 적이 없다. 전쟁에서 승리하기 위해 가장 핵심적인 사항이 무엇일까? 국민적 단결이다. 국민이 분열된 국가가 전쟁에서 승리한 경우는 없다.

미국은 평시에는 정치적 의견을 달리하고 치열하게 다투더라도 전쟁 수행 시에는 무조건 국익 위주로 단결한다. 공화당과 민주당도 정파적 이익을 내려놓고 정부를 신뢰하고 지지한다. 이점이 미국의 강대국다운 면모다. 쉽고 당연한 것 같지만 전쟁 앞에서 내부적으로 갈라진 나라들도 있다는 것을 우리는 안다.

유럽에서 발생한 1차 세계대전은 여러모로 미국에 커다란 시험을 안겨주었다. 미국이 참전해야 하는지에 대해서 국내에서 심한 정치적 논쟁이 벌어졌기 때문이다. 윌슨 대통령은 즉각 미국의 중립을 선언하고 국민에게 '사고에서나 행동에서나 중립'을 지킬 것을 호소하였다. 당시 9,200만의 미국 인구 중 3분의 1이 외국 출생이거나 그 2세라는 점을 고려할 때 미국의 중립은 국민의 분열과 동요를 막기 위한 당연한 조치였다. 미국은 20세기 초 영국뿐만 아니라 프랑스, 독일, 이탈리아 등 다양한 이민자들과 그 후손들이 국민을 이루고 있었기 때문이다. 그런데도 미국과 독일의 관계는 악화하여 갔다. 무제한 잠수함 작전으로 독일의 봉쇄 수역 안에 들어

오는 선박은 국적을 막론하고 비무장이라도 공격하였는데 미국 상선 4척이 독일 잠수함에 공격을 받아 침몰하게 된 것이다. 때마침 독일 외상 치머만이 주멕시코 독일 대사에게 보낸 비밀문서가 발각되었는데, 독일이 미국과 개전 시 멕시코가 독일을 도와주면 멕시코가 미국에 빼앗긴 옛 영토를 되찾는데 협력하겠다는 내용이었다. 멕시코에 미국을 향해 총부리를 겨누라는 지령이었으니 미국의 여론은 들끓었다.

마침내 윌슨 대통령이 1917년 4월에 '세계 민주주의의 안전'을 위해 제1차 세계대전에 참전을 선언하자 미국 국민은 그동안의 모든 논쟁을 뒤로하고 하나로 일치단결하였다. 미시간주와 일리노이주와 같은 중부 지역에 많은 독일계 주민들이 있었지만 흩어지지 않고 성조기 앞에서 하나로 뭉쳤다. 고립주의를 주장한 공화당도 정쟁을 멈추고 정부를 도왔다. 덕분에 참전을 결정한 그해에는 군대를 유럽으로 출동시킬 수 있는 태세를 제대로 갖추고 있지 못했지만, 미국은 통일된 국론을 바탕으로 빠르게 전시동원 체제로 돌입하였다. 이것이 무엇인가. 위기 앞의 단결, 강대국의 조건인 것이다.

병력 동원을 위해 1917년 5월 징병제를 시행하여 미국은 병력이 이듬해까지 약 500만 명에 이르게 되었다. 엄청난 군비를 조달하기 위해 소득세의 공제액을 인하하고 누진세율을 인상하는 한편, 술, 담배, 보험, 자동차에 대해 새로운 세금을 부과하였고 추가로 공채 230억 달러를 발행하였다. 이렇게 조달한 군비는 무려 335억 달러에 달하였지만, 미국 국민은 아무런 반대 없이 정부를 믿고 따랐다.

미국은 전쟁 승리를 위해 정신적으로도 총력 체제로 대응하였다. 윌슨은 독일 측이 미국 내에서 책동하리라 예상되는 반전운동에 대비하기 위해 방첩법을 제정하여 이적행위, 징집 방해, 반전운동에 대해 최고 20년의 징역과 최고 1만 달러의 벌금으로 처벌하도록 하였다. 이듬해에는 이 법을 치안법으로 수정 강화하여 국기와 군복에 대한 비방, 모욕 등 전쟁 수행에 해로운 모든 행위에 대해 처벌하도록 하였다. 자유주의 국가였지만 전쟁이라는 절체절명의 국가 위기 앞에서 내부 분열로 치환될 수 있는 자유의 행동을 한시적으로 제한한 것이다.

미국이 총력 체제로 대응하자 전쟁은 연합군의 승리로 기울었고 윌슨 대통령은 우리에게도 유명한 '14개 조'를 발표하여 민족자결주의, 식민지 문제의 공정한 해결, 항구적 평화기구로서의 국제조직 창설 등을 제창하여 전 세계에 질서에 많은 영향을 주었다. 3.1운동은 윌슨의 민족자결주의에 영향을 받아 발생하였으니 한국에까지 영향을 준 셈이다.

제1차 세계대전이 유럽에 있어서는 몰락의 시작을 알리는 총소리였다면, 미국에는 세계 강대국으로서 등장하는 것을 공식적으로 선포하는 전쟁이 되었다. 제1차 세계대전 종식 후 세계 평화는 그리 오래가지 않았다. 1939년 유럽에서 다시 세계 전쟁이 발발했다. 새롭게 등장한 강대국에는 세계 평화를 유지할 의무가 부과되었다. 연거푸 이어진 전쟁이었지만 미국 국민은 분열하지 않고 단결하였다. 남의 나라 전쟁에 참전하여 자국의 젊은이들이 죽는 것을 좋아

할 국가는 이 세상 어디에도 없다. 미국인들 사이에서는 제2차 세계 대전에 참전을 원하지 않는 여론이 더 높았다. 그러나 참전을 망설이던 미국의 여론은 일본의 진주만 공습으로 완전히 바뀌었다.

진주만 공습을 당한 다음 날인 1941년 12월 8일 루스벨트 대통령은 의회의 상하원 합동회의에서 대일 개전을 촉구하는 교서를 읽었고 단 한 시간 만에 상원 82표 대 0표, 하원은 388표 대 1표로 사실상 만장일치로 선전포고 결의가 통과되었다. 흔히 있을 법한 공화당과 민주당의 정파적 대결은 전쟁이라는 국가의 위기 앞에 전혀 모습을 드러내지 못했다. 미국의 국토가 공격을 당하자 미국 국민은 기존의 반전 여론을 완전히 뒤로하고 일치단결한 것이다. 참전이 결정되자 하나로 뭉친 미국인의 목표는 오직 한가지, 전쟁의 승리였다. '진주만을 잊지 마라'라는 구호 아래 참전한 미국은 민주주의의 병기창이라는 것을 여실히 증명하였다. 미국의 방대한 생산력이야말로 연합국이 승리한 중요한 요인 중 하나였다. 2차 세계대전 당시 미국의 경제력은 전 세계 GDP의 거의 50퍼센트를 차지하였다.

미국은 태평양과 대서양 건너 유럽에서 동시에 전쟁을 수행할 수 있는 유일한 국가였다. 1942년 6월 태평양의 미드웨이 해전에서 일본의 기동함대를 꺾은 미국은 일본의 전력을 무너뜨리기 시작했다. 유럽에서는 1944년 6월, 미영 연합군이 북부 프랑스의 노르망디에 상륙하여 총공격에 나서자 독일은 버티지 못하고 1945년 5월 8일 연합국에 무조건 항복하였다. 인류 최초로 원자탄을 맞은 일본도 8월 15일 무조건 항복하였다. 이는 억압받던 한국민의 해방

노르망디 상륙작전 성공후에 오마하 해변에 군대와 군용차들이 상륙함에서 내리고 있다.

을 의미했다. 미국은 2차 세계대전 참전부터 종전에 이르기까지 총 1,600만 명의 병력을 동원하였고 29만 명의 전사자와 67만 명의 부상자를 냈다. 그러나 이 인명 피해는 다른 나라와 비교하면 가벼운 것이었다.

팍스아메리카나, 절제된 힘

미국은 제2차 세계대전을 종식하고 전 세계에 막대한 영향력을 미치는 독보적인 강대국으로 등장하였다. 제1차 세계대전이 유럽에 국한된 거라면 제2차 세계대전은 아시아를 포함하여 발생하였기 때문에 미국은 이제 자타가 공인하는 진정한 세계 최강대국으로 등극하였다. 세계는 문제 해결을 위해 미국의 관여가 필요하게 되었다. 미국이 원하건 원하지 않던 미국은 리더십을 발휘하는 최강대국으로 확고하게 자리매김한 것이다.

신대륙에 영국의 청교도 이민자들이 나라의 기반을 닦은지 불과 300년밖에 안 되는 나라가 5,000년 역사를 가지고 있는 아시아와 유럽, 그리고 아프리카와 오세아니아에 지도력을 발휘하는 강대국이 된 것이니 강대국이 되는 조건에는 나라의 역사와 연수는 상관이 없는 셈이다. 무엇보다 제2차 세계대전으로 유럽 열강들은 강대국의 지위를 미국에 넘겨준 형국인데 넘겨받은 미국은 강대국이면서도 힘을 절제했다. 유럽 몰락의 원인을 알았기에 미국은 힘을 꼭 써야 할 곳에 대해서만 절제해서 사용했다. 이는 미국 국민의 도덕적 토양에서 나오는 문화였다. 프린스턴대 총장을 역임한 제28대 대통령 윌슨은 대외정책에서 '미국의 힘은 도덕적 원리의 힘'이어야 한다고 천명했다. 윌슨 대통령이 대학교 총장 출신이라 이런 말을 한 것이 아니라 그 당시 미국 사회 분위기가 그랬다.

2차 세계대전이 끝나갈 때쯤 또 다른 문제의 싹이 자라나고 있었다. 바로 공산주의가 위험으로 다가오고 있었다. 당장 시급한 것은 전화에서 회복되지 않은 유럽을 공산세력의 온상이 될 위험성으로부터 구하는 것이었다. 여기에 미국은 제2차 세계대전 때와 같은 전략을 세워 대응하였다. 단독이 아닌 동맹국들과 함께 새로운 위험에 대응하는 방법이다. 미국은 먼저 동맹국 유럽 경제의 부흥을 위해 마셜 플랜을 마련하여 대규모 원조를 제공하였다. 이 당시 미국이 유럽의 경제 회복을 위해 1947년부터 1952년까지 총 133억 달러(지금 가치 약 1,596억 달러)에 해당하는 지원을 했는데, 이때 서유럽의 고속도로, 철도, 항만, 공항, 발전소, 통신망과 같은 사회 인프라를 미국의 경제적 지원과 기술 지원 아래 재건하였고, 유럽의 경제 활력을 위해 심지어 '로마의 휴일' 같은 영화의 제작비까지 지원하여 유럽에서 촬영하게 했다.

공산주의와의 싸움에서 미국은 동맹국들과 진영을 만들어서 공동 대응하기로 방향을 설정하고 해외에 미군을 주둔시키는 전략을 실행했다. 사실상 전 세계 지정학적 중요 국가에 미군을 배치하는 전략에 따라 독일, 일본, 한국, 이탈리아, 쿠웨이트, 영국 등 세계 주요국가에 미군이 배치되었다. 이를 두고 일부에서는 미국을 제국이라고 한다. 사실 미군은 전 세계 59개국에 주둔해 있으니 어찌 보면 군사적 제국이라는 말이 아주 완벽하게 틀린 말은 아닐 것이다. 하지만 이는 국제정치를 잘 이해하지 못하는 상황에서 나오는 말이다. 미군의 주둔은 미국의 필요로 주둔하지만 동시에 주둔 국가 쪽에서도 자국의 가상적국을 견제하기 위함이니 서로의 이해관계가 맞아야 하는 셈이다.

미국은 초강대국이고 세계 군사 패권 국가이지만 19세기 유럽 열강과는 다르게, 주둔하는 동맹국들을 존중하는 모습을 취하려고 최대한 노력한다. 당장 AFKN 라디오를 들어봐라. 매일 미군 장병들에게 한국법을 준수하라는 광고가 나온다. 동맹국과 함께 냉전에서 승리한 미국은 지금 신냉전과 다자주의 국제 환경에서 유일한 초강대국으로 미국에 의한 평화, 팍스 아메리카나의 시대를 이끌고 있다. 팍스 아메리카는 과연 언제까지 이어질까?

미국과 중국, 21세기 헤게모니 승리자는

미국이 강대국으로 등극한 지 100년이 지났고 그사이 중국은 경제적으로 훌쩍 성장하여 세계 2위의 강대국이 되었다. 요즘 뉴스는 중국과 미국의 헤게모니 싸움으로 가득하다.

미국은 전기차, 반도체 등 첨단산업 공급망에서 중국을 배제하기 위해 노골적으로 견제하고 있다. 경제뿐 아니라 외교와 국방에서 중국을 고립시키기 위해 인도 태평양 전략을 구사하고 있고, 대만 문제에 대해서도 그동안의 외교 관습에서 벗어나서 적극적으로 관여하고 있다.

세상 사람들의 관심은 '과연 21세기 헤게모니 전쟁에서 누가 승자가 될 것인가'이다.

덩샤오핑의 개혁개방정책 이후 40년 동안 중국의 발전은 그야말로 눈부시다. 1990년에 중국의 명목 GDP는 미국과 비교하여 불과 6퍼센트밖에 안 되었지만, 2020년에는 중국의 GDP가 14조 6900억 달러로 미국 21조 60억 달러의 70퍼센트 수준까지 따라왔다. 당연히 3년 전만 하더라도 2033년에는 중국의 경제력이 미국을 넘어설 것이라는 전망이 우세했다. 하지만, 최근에 중국의 경제 성장률이 예상 보다 꺾이면서 여기에 대한 회의감을 갖는 기사들이 비중 있게 나오고 있다. 중국의 막대한 부채와 인구 고령화 문제 때문에 2050년이 돼도 미국경제를 추월할 수 없을 것이라는 전망이 나오고 있는 것인데, 이 문제를 좀 더 다른 시각으로 보고 싶다. 세계를 이끌 경제 성장을 하기 위해서는 창의와 혁신이 절대적으로 필요한데 창의와 혁신이 일어나기 위해서는 반드시 자유가 있어야 한다. 중국이 미국보다 자유가 보장된 나라라고 말할 수 있는 사람은 아무도 없다.

또 한 가지 우리가 중국에 대해서 갖는 의구심이 있다. 국내에서 기승을 부리는 보이스피싱을 보면 거의 전부 다 중국인들과 관련이 있기 때문이다. 뉴스에 나오는 조직총책과 조직원을 경찰이 검거했다는 것을 보면 전부 그렇다. 미국인들이나 일본인들이 한국에 와서 보이스피싱을 한다는 뉴스를 본 적이 없다. 왜 중국인들은 거리낌 없이 한국에 와서 한국인들을 상대로 보이스피싱을 할까? 바로 중국 사회에 사기가 만연하기 때문이다. 그러니 중국인들이 한국에 와서 다른 외국인들이 하지 않는 보이스피싱을 하는 것이다.

경제력만으로는 강대국이 되지 못한다. 한때 일본은 세계 2위 경제 대국으로 미국을 추월할 것이라고 떠들썩했지만 일본은 그 후 잃어버린 20년을 맞이하게 되었다. 군사력만으로도 강대국이 되지 못한다. 구소련이 한때 미국과 어깨를 나란히 하는 군사 대국이었지만 아무도 소련을 강대국이라고 생각하지 않는다.

미국과 중국의 헤게모니 전쟁은 어느 국가가 더 많은 자유를 증진하면서 국민의 도덕성이 높은지가 결정할 것이다.

당대 최고의 강대국은 항상 최고의 도덕성을 가지고 있다. 미국의 도덕성이 20세기 초반보다 쇠락하고 있다고 하는데 만약 미국인의 도덕성이 한계점 이하로 추락하고 중국인의 도덕성이 향상되는 순간 두 나라의 관계는 진짜 불안해진다. 이때는 더는 미국이 중국을 압박할 수 없게 된다.

중국인 보이스피싱 뉴스가 더는 나오지 않고 중국 식품을 누구나 믿을 수 있으며 중국에서 억만장자들의 기부가 줄을 잇는다는 뉴스가 나오고 당국에서 검열이 사라지고 언론의 자유가 보장된다는 뉴스가 나오면 그때부터는 중국을 경계할 것이다. 그때가 중국이 주도권을 이어받아 강대국이 되는 시기이기 때문이다. 하지만, 아직은 그런 걱정은 안 해도 될 것 같다. 지금도 여전히 보이스피싱은 중국인과 관련이 있으니 말이다.

10장

대한민국이
나아갈 길

자유를 증진하라

자유를 증진하라

앞서 강대국의 역사를 살펴봤듯이 강대국이라고 해서 특별히 다르거나 비결이 있었던 것은 아니다. 그냥 지극히 평범했다. 특별한 계책이나 원대한 비전이 있었던 것도 아니다. 미국이 원대한 전략을 세워서 강대국이 된 것은 아니다. 그냥 하루하루를 도전과 개척정신으로 살았다. 그러다 보니 어느 순간 시간이 흘러 강대국이 되어 있었다. 물론 지금 미국은 전략과 계획에 따라 국제정세에 관여한다. 이미 강대국이 되어 있으니 말이다. 강대국이 된 이후에 거기에 필요한 역할을 하기 위한 전략이지 강대국이 되기 전에는 이런 전략 같은 것은 없었다.

역사 이래 이 세상 강대국의 지위에 오른 모든 국가는 한결같이 국민의 도덕성이 높았다는 특징이 있다. 도덕이 뭐냐고 질문하는 사람도 있을 것이다. 한편으로는 도덕은 진부하다고 말하는 사람도 더러 있을 것이다. 하지만, 진부하거나 실천하기 어려운 것이 국가 공동체를 부강하게 만든다는 점이 경이롭다. 그리스에서 시작됐으나 정작 그리스에서는 환영받지 못한 스토아 윤리 사상을 왜 로마 사회가 받아들였는지는 모른다. 하지만 스토아 윤리 사상에 따라 로마 귀족들은 노블레스 오블리주를 실행했고 전장에 평민들 보다 앞다퉈 나갔다.

강대국으로 성장하기 위해서는 도덕성과 더불어 자유가 있어야 한다. 따라서 '자유와 도덕성'은 마치 새의 양 날개와 같다. 새는 한쪽 날개로는 날지 못하고 양쪽의 날개가 있어야 날 수가 있는 것처럼 국가 공동체도 마찬가지다. 도덕성만 있고 자유가 없으면 그 사회는 깊은 침체의 늪에 빠져들고, 자유만 있고 도덕성이 없는 사회는 큰 혼란에 빠질 것이다.

도덕성과 자유가 모두 있어야 한다는 점은 도덕성 향상을 위해 정치 권력이 관여할 수 없다는 것을 명확히 의미한다. 국가가 도덕적인 것을 임의로 정하고 국민에게 따르도록 하는 행위는 인간의 자유를 억압하는 행위이기 때문이다. 즉, 공동체의 도덕성이 강대국으로 가는 데 필수적이지만 국가가 강요해서는 안 되고 각 개인의 선택에 맡겨야 한다는 분명한 결론이다. 이것이 '도덕성과 자유의 딜레마적 상관관계'이다.

이 도덕성과 자유의 딜레마적 상관관계 때문에 국민은 억압받지 않고 충분한 자유를 누리면서 동시에 스스로 도덕적으로 행동해야 한다. 쉬워 보이지만 실제로는 쉽지 않다는 게 역사상 그런 나라가 그리 많지 않았다는 점이다. 역사상 수많은 나라가 존재했지만, 강대국으로 성장한 나라는 수십 개 나라밖에 안 되며 그중에서도 인류 역사상 위대한 제국으로 성장한 나라는 손에 꼽을 수 있을 정도다.

강대국으로 올라선 나라들은 한결같이 자신만의 도덕적 멋이 있었다. 대한민국의 도덕적 멋은 과연 무엇이라고 할 수 있을까? 나는 여기에 대해서 답을 하지 않으려고 한다. 각자 답이 다를 수 있기 때문이다. 누구나 동의할 수 있는 한 가지 분명한 것은 있다. 도덕성을 담당하는 곳은 정치가 아니라는 점이다. 평상시에 너무 흔해서 별로 소중하게 여기지 않고 별로 신경 쓰지 않는 곳, 바로 가정, 학교, 종교, 그리고 사회 그 자체가 도덕성을 담당한다.

정치의 한계는 국민의 도덕성을 증진할 수 없다는 점이다. 정말이지 전혀 없다. 전혀 없다고 하면 정치인들이 기분 상할지 모르겠으니 딱 한 가지 역할이 있다면 본인이 솔선수범하는 정도이다.

이쯤에서 질문을 던지고 싶다. 한국 사회는 어디로 나아가야 하는가?

정치의 역할이 작아져야 한다고 말하고 싶다. 정치의 역할이 큰 나라치고 잘 사는 나라가 없다. 정치란 기본적으로 자유를 제한하려는 경향이 강하기 때문이다. 정치인이 도덕에 대해서 할 수 있는 일이란 스스로 모범을 보이는 정도밖에 없다는 것은 정치인들에게 겸손을 요구한다.

정치인들은 사회에 큰 사고나 재난이 터졌을 때 마다, 마치 3분안에 음식을 만들어내야 하는 것처럼 부산하게 움직이며, 사람의 이름을 갖다 붙인 법이나 온갖 특별법을 마구 쉽게 만들어내려고 한다. 그런 법들은 대개가 여러 모순을 가지고 있으며 특히 사람들의 자유를 제한하는 법일 가능성이 크기 때문에 대부분 좋은 법들이 아닌 경우가 많다. 원칙과 자유를 훼손하면서 급히 만들어졌기 때문이다. 보통 이런 류의 법들은 다양한 청문회를 열고 토론회를 하며 오랜 기간 심사숙고해서 만들어야 하는 법들이다. 더구나 포퓰리즘 유혹 속에서 정치인들이 그런 유혹을 이기고 균형 잡힌 법을 짧은 시간 내에 만드는 것은 마치 200미터 달리기를 전력 질주하면서 카카오톡으로 긴 문자를 오타 없이 작성해서 보내라는 것과 같다. 이런 법들은 곧 굉장한 모순을 유발하여 사회를 혼란스럽게 하고 폐기될 운명에 처한다.

정치인들이 만드는 법률과 다르게 국가와 사회를 지탱하는 도덕이라는 것은 자유 선택 의지를 담고 있다. 노블레스 오블리주를 안 했다고 법으로 강제하고 처벌할 수는 없지 않은가. 국민의 집합체인 국가의 도덕성은 결국 개개인의 도덕성에 좌우되기 때문에 도덕성을 구성원들에게 가르치는 그곳, 가정, 학교, 종교를 국가는 소중히 여기고 보호해야 한다.

조선이 망해서 일제의 식민지 치하에 있었지만, 구한말에 세워진 많은 학교 때문에 국민의 도덕성 향상이 이루어졌다. 특히 선교사들에 의해 세워진 학교의 기여가 컸는데 배재학당, 경신학교, 이화학당, 광성학교 등이 세워져서 국민에게 올바른 것을 가르치고 일깨웠으며, 그 후 민족 선각자들이 교육에 관심을 두고 학교를 세우기 시작하여 오산학교, 양정의숙, 보성학교, 휘문의숙, 중동학교 등이 세워졌다. 이런 교육의 영향으로 국민의 도덕성이 향상되었고 이것이 바로 40년간의 일제강점기를 끝내고 우리 민족이 독립해서 대한민국을 설립할 수 있었던 원동력이 되었다.

최근 일부 몰지각한 정치인들이 사학의 자율성을 훼손하고 있다. 전체 사학 중의 극히 일부에서 발생하는 문제점을 고치겠다고 사학의 자유를 뺏는 것인데, 정치가 저지르는 전형적인 실수이고 절대 해서는 안 될 사항이다. 정치인들은 자신만의 생각, 혹은 지지자들의 생각이 정의롭고 옳다고 생각하여 이를 입법화하려는 경향이 있다. 하지만, 이런 경우 다른 사람의 자유를 뺏는 것이 아닌지 주의 깊게 생각해 봐야 한다.

정치인들의 오만은 이것뿐만이 아니다. 그 어떤 사람도 부모보다 자식을 더 사랑하는 존재는 없다. 당연히 국가도 마찬가지이다. 그런데도 어떤 정치인들은 인간의 불안전함 때문에 발생하는 일부 극소수에서 발생하는 문제점을 내세우며 부모의 보편적 훈육권을 빼앗으려 한다. 매우 잘못된 형태이다. 이는 자유를 빼앗는다는 점에서도 문제지만 도덕률을 가르치는 가장 중요한 곳이 가정이라는 점에서 매우 부정적인 결과를 초래할 수 있다는 점에서 더욱 문제다.

현대 대의 민주주의 정치 제도하에서 문제점은 정치인들이 만들어내는 법안들이 오히려 도덕성을 약화시키는 방향으로 가기 쉽다는 점이다. 대부분 무책임한 정치인들이 만들어내는 법안들이 사회 공동체의 도덕성을 향상하는 방향보다는 무질서를 높이는 방향으로 가는 게 더 쉽기 때문이다. 나는 이것을 '대의 민주주의 엔트로피 법칙'이라 부르고 싶다. 현대 정치의 문제점은 포퓰리즘이 득세하여 정치인들이 국민의 자유를 쉽게 억압하려 한다는 점이다. 우리는 포퓰리즘에 빠진 정치인들이 국민의 자유를 억압하는 법과 제도를 만드는지 항상 감시하고 단호히 배격해야 한다.

그렇다면 국가 발전을 위해 정치가 진정으로 할 일은 무엇인가?

바로 자유를 증진하는 것이다. 이것이 정치가 해야 할 일이다. 도덕성과 자유가 반드시 필요한 거라면, 그리고 도덕성에 대해서 정치가 관여할 수 없다면 정치가 자유의 증진을 목표로 해야 한다는 점은 명확하다.

인간의 존엄성의 상징인 자유라는 말이 조선 시대에는 없었다. 믿어지지 않는다고 할 사람들이 많을 것 같다. 자유自由라는 말은 19세기 말에 서양의 FREEDOM을 번역하여 처음으로 우리나라에 소개된 단어이다. 자유라는 단어조차 없었으니 조선 시대 전체 인구의 30퍼센트가 노비였어도 이게 문제였다는 것조차도 몰랐던 것이다.

우리나라 사람들이 자유라는 단어를 안 것은 아직 200년이 채 되지 않았다. 그만큼 우리에게는 자유라는 것이 아직 역사 문화적으로 충분히 낯익지 않다. 우리는 해방 후 자유를 누리고 있지만, 북한은 해방 후 자유를 누리지 못하고 있다. 심리학자 중에서는 북한이라는 나라가 독재를 70년 이상해도 국민이 저항을 하지 않는 이유가 북한 사람들이 역사적으로 자유를 누려본 경험이 없었기 때문이라고 한다.

대한민국의 나아갈 길은 명확하다.

우리에게 찾아온 자유를 누리고 지키고 더 발전시켜야 한다. 나무에 물도 주고 비료를 줘야 잘 자라듯이 정치도 자유가 잘 자라나고 성장하도록 격려해야 한다. 그리고 통일을 부단히 이루어 북한 사람들도 자유를 누리도록 해야 한다. 굳은 신념을 가지고 자유를 함께 지키고 증진하고자 힘써 노력하면 우리나라도 어느새 시나브로 강대국에 성큼 다가서고 있을 것이다.

참고문헌

바빌로니아

정기문. 《처음부터 다시 배우는 서양고대사》. 책과함께. 2021

카렌 라드너. 《바빌론의 역사》. 더숲. 2021

페르시아

기 라셰. 《키루스2세》. 소담출판사. 2000

유흥태. 《고대 페르시아의 역사》. 살림출판사. 2008

최승아. 《페르시아.이란의 역사》. 살림출판사. 2018

로마제국의 융성

맥세계사편찬위원회. 《로마사》. 느낌이있는책. 2014

윌 듀런트. 《문명이야기 그리스문명》. 민음사. 2011

허승일. 《로마사》. 나녹. 2019

고려의 멸망과 조선의 건국

정요근. 《고려에서 조선으로》. 역사비평사. 2019

조열태. 《정도전과 조선건국사 : 고려 멸망과 조선 개국》. 이북이십사. 2014

진경환. 《조선의 잡지》. 소소의책. 2018

영국의 발흥

김복래. 《프랑스역사 다이제스트100》. 가람기획. 2020

김언조. 《영국사 다이제스트 100》. 가람기획. 2021

김회진. 《영미문학사》. 신아사. (2003)

나종일. 송규범. 《영국의 역사》. 한울아카데미. 2005

마라카미 리코. 《영국사교계 가이드》. 에이케이커뮤니케이션즈. 2019

무라카미 리코. 《영국 귀족의 영애》. 에이케이커뮤니케이션즈

박지향. 《영국적인 너무나 영국적인》. 기파랑. 2006

박지향. 《제국의 품격》 북이십일. 2018

앤드루 샌더스. 《옥스퍼드 영문학사》. 동인. 2003

전성철. 《보수의 영혼》. 엘도라도. 2019

주명철. 《계몽과 쾌락 : 18세기 프랑스 문화를 읽는 또 하나의 창》. 소나무. 2014

브랑톰. 《프랑스 궁정 스캔들》. 산수야. 2014

케네스 모건. 《옥스퍼드 영국사》. 한울. 2016

한일동. 《영국 역사》. 살림출판사. 2018

홍차 교실. 《영국 빅토리아 시대의 라이프 스타일》. 에이케이커뮤니케이션즈. 2021

C. V. 웨지우드. 《30년 전쟁》. 휴머니스트. 2011

Richard K. Neumann, Jr. 《Legal reasoning and legal writing》. Aspen Law & Busines s. 2001.

청나라의 발기

이시바시 다카오. 《대청제국》. 휴머니스트. 2009

이훈. 《만주족 이야기》. 너머북스. 2018

조선의 상실

김연수. 《조선 지식인의 위선》. 앨피. 2011

마르티나 도이힐러. 《한국의 유교화 과정》. 너머북스. 2013

정병석. 《조선은 왜 무너졌는가》. 시공사. 2016
《중국 조선족 유래와 20세기 초기의 학교》
진경환. 《조선의 잡지》. 소소의책. 2018

대영제국 해체와 유럽의 후퇴

김복래. 《프랑스역사 다이제스트100》. 가람기획. 2020
메리 풀브룩. 《분열과 통일의 독일사》. 개마고원. 2000
박래식. 《이야기 독일사》. 청아출판사. 2006
우에무라 미쓰로. 《최근 100년의 세계사》. 네오비전. 2005

미국의 등장

권오신. 《미국, 미국사》. 단비. 2021
김언조. 《영국사 다이제스트 100》. 가람기획. 2021
김형곤. 《미국남북전쟁》. 살림. 2016
이보형. 《미국사개설》. 일조각. 2018

무엇이
강대국을
만드는가

초판 1쇄 인쇄 2023년 9월 8일
초판 1쇄 발행 2023년 9월 15일

지은이 문석기

펴낸이 이효원
편집인 강산하
마케팅 추미경
디자인 별을 잡는 그물 양미정(표지), 기린(본문)
펴낸곳 탐나는책
출판등록 2015년 10월 12일 제 2021 - 000142호
주소 경기도 고양시 덕양구 삼송로 222, 101동 305호(삼송동, 현대헤리엇)
전화 070-8279-7311 **팩스** 02-6008-0834
전자우편 tcbook@naver.com

ISBN 979-11-93130-15-5 (03900)